Der Himmel, er beziehet sich,
aber leider nicht auf mich.

Der kleine Rilke-Baukasten ist ein praktisches Beispiel literarischer Satire. Er ist zugleich eine Parodie auf den unfreiwilligen Humor des Hohen Tones und eine durchaus brauchbare Anleitung zum Verfertigen von Gedichten. Hier werden herausragende und hervorstechende Beispiele aus unserer so reichen Literatur herangezogen, um sie als Bausteine zu formen und auf eigene Weise zu verwenden. Der Baukasten verleitet zum Spielen und führt gleich vor, wie es geht. Da genügt es schon, mit Buchstaben zu würfeln, und der veränderten Reihenfolge, eine neue Bedeutung abzulesen. Und natürlich verspricht der Titel nicht umsonst einen vertieften Blick auf das Werk des Großmeisters und in manch anderes dazu.

Der kleine Rilke-Baukasten

Eine Anstiftung zum lyrischen
Schaffen nebst 33 beispiel-
losen Gedichten

Bibliographische Information Der Deutschen Bibliothek:
Die Deutsche Bibliothek verzeichnet diese Publikation in der
Deutschen Nationalbibliographie; detaillierte bibliographische Daten
sind im Internet über http://dnb.ddb.de abrufbar

© 2006 Manfred Brinkmann
Herstellung und Verlag: Books on Demand GmbH, Norderstedt
ISBN 3-8334-3753-7

VORWORT

Viele Menschen schreiben schlechte Gedichte, nur wenige lesen gute. Das wollen wir ändern – das eine wie das andere! Wenn Sie gute Gedichte lesen wollen, dann lesen Sie nur ruhig weiter; wenn Sie selber welche schreiben wollen, können Sie erst recht nichts Besseres tun.
Wie in einem Baukasten liegt alles, was Sie brauchen, vor Ihnen bereit, Sie können nach Herzenslust zupacken und aufgreifen, was Ihnen in den Kram paßt. "Prüfet alles und das Beste behaltet!"
Doch gehen Sie mit Bedacht vor wie 'Der Goldschmied' in Rilkes gleichnamigem Gedicht.

> *Warte! Langsam! droh ich jedem Ringe*
> *und vertröste jedes Kettenglied:*
> *später, draußen, kommt das, was geschieht.*
> *Dinge, sag ich, Dinge, Dinge, Dinge!*

Und kommt es auch nicht draußen, so kommt's doch jedenfalls heraus: das Ding, das dicke Ding, Ihr Ding. Wenn Sie das Buch durchgelesen haben, werden Sie wissen, wie es geht, und ebensoweit sein wie der Goldschmied, wenn er fortfährt:

> *wenn ich schmiede; vor dem Schmied*
> *hat noch keines irgendwas zu sein*
> *oder ein Geschick auf sich zu laden.*
> *Hier sind alle gleich, von Gottes Gnaden:*
> *ich, das Gold, das Feuer und der Stein.*

Das Gold, den Schatz der Methoden, halten sie in Händen, das Feuer haben Sie selbst und den Stein des Anstoßes? Sie werden ihn schon noch finden!
Aber Lyrik und Poesie überhaupt, wollen Sie wissen, ist das nicht etwas - mehr für Literaten? Nun natürlich - doch literat ist, wer lesen und schreiben kann. Das erste können Sie schon, und das zweite ist ungemein selten - also unverzagt und ungesäumt ans Werk.

Wozu beschäftigt man sich mit Lyrik? Sie sind ja ganz schön, manchmal jedenfalls, die Gedichte, aber haben sie auch nur den kleinsten praktischen Nutzen, wollen Sie wissen? Naja, da wäre das kleine Lobgedicht auf Tante Bertha –
"Det gloobt die nich" –
na gut, dann ein Ehrentext für Erbonkel Paul –
"Mir vererbt keener" –
ich glaub's, oder die Bierzeitung zur Examensfeier –
"Har ick nich" –
zur Hochzeit, na gut auch nicht, wie wär's aber dann mit einem kleinen lyrischen Text für die Ansichtskarte aus dem Urlaub oder vom Wochenendtrip an Nachbarn, Verwandte oder Kollegen, eben an alle, denen man sowieso nichts zu sagen hat?
„Ja, diss is praktisch!"
Was schreibt man schon auf so eine Postkarte drauf? Wie das Wetter ist und die Leute und das Essen. –
"Det Trinken nich vajessen!"-
Schön, schön. Also wir nehmen ein bißchen was Geographisches drauf, schließlich sollen die Leute ja wissen, wo man ist, das eine oder andere Fremdwort macht sich auch nicht schlecht, aber auch was Kritisches, man fährt ja heute nicht mehr bedenkenlos als Tourist in der Weltgeschichte herum, lieber nichts über das Wetter, das hält doch jeder für gelogen, ein wenig über die Reiseroute noch und das reicht dann auch, es soll ja schließlich nur für eine Ansichtskarte sein.
"Jenau, bloß noch wat su trinken!"
Also schön, und wie heißen Sie?
"Kalle"
Gut Kalle, dann fahren wir mal nach Skandinavien.

ANSICHTSKARTE AUS SKANDINAVIEN

Der Urlaub hoch im Norden
ist nicht für große Horden,
er kost ne Menge Penge,
drum is nich son Gedränge,
trotzdem , der Elch flieht in die Berje
im Land der sieben Sverije,
der Vielfraß ist in Sorge
im fjellfressenden Norge,
und sonst ? –

der Jubelakwawiet is stark
man trink' bloß nich für da ne Mark
un isses denn nich dies Land
dann isses vielleich' Island
un wenn ich nich hin finnland
fahr ich nach Haus su Omi.
Gruß an alle
Kalle

Kalle schweigt. Man sieht es geht.
Was braucht man denn zum Dichten? Na, Wörter selbstverständlich, Reime, Verse, Strophen – alles mögliche sprachliche Material. Und alles das, plus Backförmchen und Muster, liegt hier für Sie bereit. Aber der Reihe nach. Womit fängt der gewöhnliche Gedichteschreiber an? Mit der ersten Zeile! Also wollen wir das auch tun. Mit einer Zeile fängt zwar alles an, doch damit ist es keinesfalls getan; der Einzeiler kann noch gar keine Poesie sein. Eine Zeile bezieht sich auf nichts, steht unverbindlich, unverbunden da, nicht im Gegensatz und nicht in Beziehung zu etwas anderem. Eine einzelne Zeile bleibt eine Waise, hohlklingend und ohne Resonanz.
Eine Zeile in ihrer unerträglichen Einsamkeit ist geworfen in eine ihr feindliche Welt, ist Ausdruck und Sinnbild zugleich der existentiellen Not des Menschen, bla, als eines Rufers in der Wüste unverstandener Bedeutungen, bla, bla, so unbehaust, ausgesetzt in seiner Alleinsamkeit, blablabla, unausge-

setzt allein in seiner Behaustheit uswusf. . . . kurz, ein Mensch, ganz auf sich allein gestellt, neigt dazu, mit sich selbst zu reden.
Doch wenn dieser Mensch in seiner Einsamkeit lauthals sein Wehklagen ausstößt, eben seinen Einzeiler, dann kommt ihm die gütige Mutter Natur leise widerhallend entgegen. Zumindestens an bestimmten Orten findet sich Antwort auf alle Fragen und Klagen.
"Wie heißt der Bürgermeister von Weeeeesel?-eeeeesel!"
Wo man weniger wißbegierig ist, ersetzt man tiefschürfende Fragen auch gern – hollaritie!! – durch ein hübsch phrasiertes Jodeln. Welche Lautäußerung auch immer es sei, sie rührt an das Urgeheimnis, sie bringt die Tiefen zum Schwingen, so daß wir mit dem Dichter sagen mögen:
"Töne, Schwager ins Horn,
Raßle den schallenden Trab,
Daß der Orkus vernehme: wir kommen!"
Dieser Schall, dieses hallende Gegenüber, die Begegnung mit sich selbst im Klang, im nur geringfügig verzögerten Einklang, das ist der Beginn aller Poesie. Er ist die zweite Zeile, der Fortgang, die Aufforderung zum Dialog; eben noch Mimesis, mer nimmt's wie's is, nun schon in der allergeringsten Variation die zauberische Verwandlung der Poesis.
Doch dieser Widerklang der natürlichen Szenerie um uns her führt uns nicht nur über die Einzeiligkeit hinaus, das Echo ist auch die Ur- und Naturform des Reimes, wie uns jeden Lenz aufs neue der Kuckuck lehrt. Der identische Reim ist der erste und einfachste, bereits in der freien Natur vorkommende, der Reim auf sich selbst. Er ist auch im menschlichen Leben aller Dichtkunst Anfang und wird schon in Kinderwägelchen ausdauernd geübt. Das frühkindliche Dadada hat der gleichlautenden Hochkunst sillabischer und oft sybellinischer Sinnsuche seine hinweisende Bezeichnung gegeben.
Lange vorher schon hatte sich mancherlei MundArt ins Liedgut der Völker eingeschlichen ganz trallala & tirallala auch

dubidu & schubidu oder schon mit Schlagreim in zwei Zeilen gefaßt als Kehrreim: *fideralala, fideralala, fideralalalalaaah.* Ja, zuweilen verbirgt sich wohl ein uneingestandener Wunsch hinter solchem Gesang:
Horch, was kommt von draußen rein?
Hollahi, hollaho,
das meint doch: holla, hier bin ich, holla, so komm schon herein – und endet in kurzgefaßter Vorfreude:
Wird wohl mein Feinsliebchen sein,
hollahiaho!
Wenn aber wider Erwarten Feinsliebchen nicht erscheint, mag es durchaus massiver klingen:
Geht vorbei und schaut nicht rein,
hollahi(erher), hollaho(l's der Teufel),
wird's wohl nicht gewesen sein,
und mit deutlichem Schlußstrich hinter diesen Fehlversuch:
HOLLAHIAHO!
Anlaß für solche lautmalerischen Äußerungen ist schon allein der taktile Reiz für Zunge und Lippen; auch die meist harmlose, unanstößige Bedeutungslosigkeit dieser Laute erlaubt jedermann den fröhlichen Radau.
Einen echolalischen Reim benutzen wir ebenfalls gern da, wo wir etwas nicht verstanden haben, wo wir nicht unterscheiden, und wo uns darum alles gleich erscheint: wir reden von Blabla. Unser allgegenwärtiges Blabla wäre den alten Griechen übrigens sehr ähnlich klingend *barbar* gewesen, krauses, unverständliches Zeug in einer unkultivierten Sprache dahergeplappert: also RhaBarbar, rhabarber. Wir nehmen diesen abfälligen Begriff, um uns selbst als kultivierte Leute auszuweisen, immer wieder dankbar an und benutzen ihn dann für andere.
Eine schöne lautmalerische Folge, nun aber schon als Dreizeiler, fand sich vor Jahren in vielen Kneipenklos handschriftlich an die Wand notiert. Dieser alltagsphilosophische Merkvers, der über vielen Urinalen zu tiefsinnendem Verweilen einlud, lautete in jeweils ortseigener Zuschreibung:

to be is to do - Sartre (oder Platon, Kant, Nietzsche . . .)
to do is to be - Platon (oder Sartre, Kant, Nietzsche . . .)
dobedobedo - Sinatra (immer eindeutig bekannt)

Reime finden sich allerorten, aber sie finden sich nicht immer leicht. Das könnte manchen Pfiffikus auf die Idee bringen – gereimt wird ja schon lange – sie müßten sich irgendwo nachschlagen lassen. Benutzen Sie unter gar keinen Umständen ein Reimlexikon. Von einem Reim zum anderen wandern und die Leerzeilen mit Text auffüllen, heißt das Pferd vom Schwanz aufzäumen. Sie würden dort außerdem die abgedroschensten Beispiele finden, die den Verstand leicht versanden lassen. Ich selbst habe mich einmal in einem solchen Werk verirrt und nur unter Lobpreisungen, von Reim zu Reim springend, wieder herausgefunden aus dem Deutschen Reimlexikon.

EIN DREIFACH HOCH AUF PEREGRINUS SYNTAX!

EBIG
langlebig
vierhebig
zielstrebig
geb ich
heb ich
leb ich

EBS
der Krebs
ein Plebs
Gott geb's
ich erleb's

ECH
das Blech
frech
ich brech
ich stech
das Pech(dazu äch)

Ächz, man sieht, wie schwer solche Werke einen herabziehen können vom eigenen Niveau. Da hilft nur gesammelte Ich-Stärke.

IMPROMPTU – SECHS STROPHEN AUS ICH

heimatlich
hinderlich
hoffentlich
ich
lästerlich
liederlich
meisterlich
mich
säuberlich
säuerlich
schauerlich
sich
sommerlich
sonderlich
Sonnenstich
sprich
Tatterich
väterlich
weinerlich
Wüterich
wöchentlich
wunderlich
zimperlich
wich

Gehen wir lieber zurück zu unserem der Natur schwer abgerungenen Zweizeiler, über den Reim erfahren wir später mehr. Fehlt uns nicht etwas anderes, noch weit Grundsätzlicheres für die erste und die zweite Zeile?
"Wie heißt der Bürgermeister von..." samt Echo geschenkt, wer will so etwas das zweite Mal hören oder gar lesen! Das ist ja wirklich kein besonderer Einfall. Und danach sind wir

doch auf der Suche! Außer bloß vorhanden muß der Text wohl noch etwas anderes sein: witzig, scharfsinnig, tiefschürfend, vielsagend, lustig, weise, dramatisch, erhellend, komisch, aufregend . . . wie auch immer, von dieser oder von jener, jedenfalls von einiger Qualität.
Was das ist, wissen wir irgendwie alle, und darum kann es keiner genau sagen. Qualität ist wenn, sagen wir mal, und dann kommt ein Beispiel. Daraus folgt: Qualität ist beispielhaft. Mit nichts anderem wollen wir uns hinfort abgeben. Ein hervorragendes Beispiel, um nur eines zu nennen, ist für mich eine überaus glückliche Findung von Robert Gernhardt. Er muß nach diesem Einfall einen summenden, singenden Nachmittag gehabt haben. In seinem Gedicht 'Folgen der Trunksucht' stützt er sich außer auf den Zweizeiler auf seine souveräne Reimfindungskunst.

Seht ihn an, den Schreiner,
Trinkt er, wird er kleiner

Naja, aber dann:

Schaut, wie flink und frettchenhaft
Er an seinem Brettchen schafft.

Da kann man nur neidisch werden; sieht man den schluckenden Tischler auch nicht unbedingt schrumpfen, doch die Gestalt eines unermüdlich hobelnden Sisyphus, der in tierischer Munterkeit Schicht um Schicht seines Lebens in Späne verwandelt, diese Vision vergißt man nicht, eine Genreszene aus der sprichwörtlichen Dichterwerkstatt. Ich schreibe zwar am Schreibtisch und baue in meiner kleinen Werkstatt gelegentlich ein Bücherbord, schleif ein Messerchen oder repariere den Rasenmäher, aber schon Wilhelm Busch wußte

mitunter schwitzen muß der Schreiner,
er stößt auf manchen harten Ast,
so geht es auch, wenn unsereiner
sich mit der Grübelei befaßt.

Greifen wir den Fund auf und, weil wir schon einmal beim Hobeln sind, schauen uns wir noch ein wenig um in der vielberedeten

DICHTERWERKSTATT

Was macht des Wortes Arbeitsmann,
trifft man ihn in der Werkstatt an?
Schaut wie flink und frettchenhaft
er an seinem Brettchen schafft.

Seht wie sich in Schweinekringeln
Späne aus dem Hobel ringeln,
abfällig wird die Kunst gemacht,
erhebt sich und das Brett verflacht.

Was bleibet aber,
dichten die Stifte,
sticht sie der Haber?

Erhaltene Norm,
gefüllte Form, er-
habnes Gelaber!

Bei genauem Hinsehen wird deutlich, daß die ersten beiden Strophen aus je zwei Zweizeilern aufgebaut sind, zusammen führen sie uns die Werkstattszene vor. Es folgen zwei Dreizeiler, die in Frage und Antwort und in kleinen Reimportionen, das Bedenkliche mechanischen Produzierens aufzeigen. Wir wollen uns dieses Sonett, denn um ein solches handelt es sich, eine Mahnung sein lassen; es wird viel zu viel vom immer Gleichen fabriziert in den Vereinigten Dichterwerkstätten. Ob Zwei- oder Dreizeiler als kleinste Verseinheiten gewählt werden, die Zeilen sind jeweils spezifisch auf einander bezogen. Standen die Dreizeiler hier im Satzzusammenhang, so können sie auch im Dreisatz daherkommen wie im folgenden hamburger Sandkastengespräch, in dem zwei Mütter ihren deutlichen, jedoch unausdiskutiert bleibenden Dissens über die Erziehungsgrundsätze der einen, ihren Sohn betreffend, in einen gemeinsamen Dreischritt raffen:

„*Darferdat?*"
„*Datdarfer!*"
„*Daterdatdarf?!*"

Doch Dreisätze gehen über unsere übliche Denkweise hinaus, unsere Hauptorientierung ist zweiwertig bis zweideutig, ist entweder/oder oder sowohl/als auch, auch so wohl nicht/aber vielleicht so oder wie oder was? Aber auch wenn/dann und wenn doch/dann nicht, beziehungsweise wenn nicht/dann doch, vielleicht auch erst dies/dann das, sind uns durchaus geläufig. Am besten schauen wir uns ein paar Beispiele an für diese binäre Schichtung. Vorzugsweise liefert der Zweizeiler uns Weltweisheiten und Sinnsprüche, kleine Trost- und Merkverse. Was machen Politiker, die sich über ein Problem nicht einig werden, wenn es gar nicht mehr weitergeht? Was machen sie also üblicherweise?
Wenn ich nicht mehr weiter weiß,
gründ' ich einen Arbeitskreis
Genau. Eine einleuchtende Behauptung wird noch beglaubigt durch den Endreim.
Wenn ich einmal was nicht kann,
frag ich einfach meine Frau.
So ist es, auch wenn der Reim nicht recht kommen will. Das aber haben manche Zweizeiler an sich, und so bleiben sie uns unergründlich dunkel. Ein in öffentlichen Poesieecken, diesmal allerdings eher auf dem Damenklo, häufig zu findender Spruch lautet:
Eine Frau ohne Mann
ist wie ein Fisch ohne Fahrrad.
Ja kann frau sich denn auf Mann so gar keinen Reim mehr machen? Wir werden dieses Problem gleich etwas näher betrachten.
Mancher Spruch verdient durchaus noch einige Bearbeitung, wie auch dieser über die Arbeit, oder sollte es einer über das Leben sein? Fragen Sie sich das selbst!
Arbeit ist das halbe Leben.
Diese offensichtlich unvollständige Behauptung, die zur Arbeit an und vom Nachdenken abhalten soll, steht da wie eine unwiderlegbare Tatsache. Und was machen wir daraus? Nix Halbes sondern was Ganzes! Es hat nur ein Komma gefehlt

und eine kleine Ergänzung zum Zweizeiler.
> *Arbeit ist das halbe,*
> *Leben ist das ganze.*

Woraus man ersieht: Einzeiler sind einseitig, das ist unweise. Sie stehen so allein in der Welt wie der einsame Wanderer im aufkommenden Regen, der sich vergeblich zu trösten versucht:
> *Der Himmel, er beziehet sich,*
> *aber leider nicht auf mich.*

Man könnte einwenden, hier werde völlig Unvergleichliches zusammengezwungen, doch kehrt nicht immer wieder das scheinbar Unvereinbare im selbigen Moment ein in die menschliche Brust?

Georg Christoph Lichtenberg hat auf seiner Englandreise, wohl in einem Anfall von Heimweh, sich folgenden Zweizeiler in sein Tagebuch notiert.
> *Gottingen very famous is*
> *For civil law and saussages.*

worauf er fortfuhr: Am 26ten Junii kam Lord Polwarth wieder von Wimple zu mir nach Wrest, mit Lady Bell und Miss Gregory. So erfahren wir über manche manches von höchst unterschiedlicher Bedeutung, doch schon Logau sagt:
> *Nicht das viele Wissen thuts,*
> *Sondern wissen etwas gut's.*

Und über die Zeiten setzt Erich Kästner eins drauf mit:
> *Es gibt nichts gutes, außer man tut es.*

Was der Berliner Volksmund sich dann vornimmt als:
> *Ab und an da tut et jut,*
> *wenn man ma wat jutet tut.*

und jut tutet auch der Binnenreim in Logaus Ratschlag:
> *Wer zum Tischtrunk Fischtrunk nimmt,*
> *Selten dem die Fußgicht kümmt.*

Nicht zuletzt seine Warnung vor unbedachten Arztbesuchen tut es auch heute noch:
> *Ärzte sind den Menschen gut, daß für deren Menge*
> *Endlich nicht die ganze Welt werde gar zu enge.*

Friedrich von Logau, der Großmeister des Zweizeilers, hat in seinem Leben rund dreieinhalbtausend Sinngedichte verfaßt über Gott und die Welt, Gesundheit und Krankheit, wollüstige Jungfrauen und unzüchtige Buhlen und vor allem über den Krieg, die Not und das Elend, die dreißig seiner einundfünfzig Lebensjahre bis zu seinem Tod 1655 bestimmt haben.
Wer unter Narren wohnt, wie viel auch derer seyn,
Ist unter ihnen doch, als wär er ganz allein.
Da bleibt schließlich nichts übrig als auszuhalten und das Ausgehaltene in Versen zu notieren. Für den alten Adam, von dessen Apfelbiß das ganze Elend herrühren soll, fand er eine angemessene Entschuldigung:
Adam mußt in Apfel beißen, kunnt es nicht verbessern,
Weil man doch zu selbten Zeiten nichts gehabt von Messern.
Aber so viel sich von ihm auch zitieren ließe, leicht ein ganzes Buch, wir müssen doch selber auf Futtersuche gehn. Lassen wir uns lieber mit seinem Ratschlag an einen Langnasigen der Nase nach weiterschicken:
Naso, dir ist deine Nase statt der Sonnenuhr bereit:
Wann der Schatten weist gerade auf das Maul, ist Essenszeit.
Friedrich von Logau war seinen Zeitgenossen nicht nur unter diesem Namen als Autor bekannt, er veröffentlichte den ersten Teil seiner Sinngedichte 1638 unter dem Namen Salomon von Golaw. Salomon, der Weise also, und von Golaw ein bißchen verdreht, aber statt Logau kaum gelogen.
Zu einem Pseudonym bestand für einen kritischen Autor mitten im dreißigjährigen Krieg, in dem geschätzt vier von zehn Menschen in Deutschland ums Leben kamen, wohl Anlaß. Doch auch ohne diese Not gibt es Gründe genug, sich einen Nom de guerre zuzulegen und damit eine weitere Person. Es macht Sinn, per soner Figur zu klingen, es erlaubt Untertöne und andere Sichten, die man einem einzigen nicht zugestände. Kurt Tucholsky erfand vier PS und interviewte sich als Peter Panther selbst. Theobald Tiger, Ignaz Wrobel, Kaspar Hauser - das waren schon ganz eigene Gestalten.
Ein hinreichender Grund für ein Pseudonym ist für manchen

der eigene Name, mag er noch so proper sein, weil man als Müller, Meier, Schulze, Lehmann schlechterdings nicht bekannt werden kann. Wilhelm Einapfelfälltdieküherupfenimheckenausschnittblautdasmeer verzeih!
Und wer noch? Der Conrad Ferdinand mit ey bestätigt als Ausnahme die Regel und soll nicht übergangen sein. Die Sorge im Heer der Mai-ei-ay-eyer unterzugehen, mag ihn wohl umgetrieben haben; vorsichtshalber hat er selber einen Chor der Toten komponiert, der uns ein entsprechendes Liedchen singt.

Wir Toten, wir Toten sind größere Heere
Als ihr auf der Erde, als ihr auf dem Meere!
Wir pflügten das Feld mit geduldigen Taten,
Ihr schwinget die Sicheln und schneidet die Saaten,
Und was wir vollendet und was wir begonnen,
Das füllet noch heute die rauschenden Bronnen,

Jawohl, wir sind zur Dankbarkeit gesonnen, wissend was alles wir gewonnen!

Und was wir an gültigen Sätzen gefunden,
Dran bleibt aller irdische Wandel gebunden
Und unsere Töne, Gebilde, Gedichte,
Erkämpfen den Lorbeer im strahlenden Lichte,

Ganz genau so isses, und deshalb kämpfen wir nach Kräften mit.

Wir suchen noch immer die menschlichen Ziele -
Drum ehret und opfert! Denn unser sind viele!

So ist es, und wir werden immer mehr.

PSEUDONYM

Nichts schmücket unsereinen
mehr als ein Nommdepluhme,
lieber als drunter seinen (-)
schreibt mancher durch die Blume.

*Dies ist ein weites Feld
und wir sind schlecht zu Fuß,
weshalb die Untersu -
chung unterbleiben muß.*

*Glaub nicht, daß je was zählt,
wer Müller bleiben will
und namentlich sich quält,
schrieb er auch gut und viel!*

*Nicht Adolf und nicht Adam,
nicht Bastian und nicht Hans,
Friedrich nicht und nicht Johann,
Wilhelm und Wolfgang nicht,
nicht Fritz und noch ein Hans,
nicht Arthur und nicht Heiner,
nein, nein nicht einer kann's!*

*Die schönsten deutschen Texte
sind darum anonym
von Müller, Meier, Schulze
ganz heimlich aufgeschrüm!*

*Und dieser Alte, Walther,
der Vogelweiderich, der
wollt so gern ein Lehmann sein
und wurd es lange nicht.*

*Und Wolfram hieß Karl Heinrich
ward Heini nur genannt,
wo er tatsächlich herkam,
das bleibet unbekannt.*

*Drum glaube keine Namen,
wer ist schon autonom,
sich pseudonym zu rühmen
pflegt selbst der Papst in Rom.*

Am Anfang ist das Wort,
was sind die Eigennamen,
lies unbekümmert fort,
ich bin AmEn de Amen!

Aber wenden wir uns nach den sinnreichen einer höchst sinnigen Erfindung zu: dem Poesiealbum. Dies Gedichtbändchen, meist für den Rest ihres Lebens das einzige, schleppen schon kleine Mädchen begeistert mit sich herum. Es eignet sich hervorragend, Tanten und Schulfreundinnen, Jungs wie gestandene Männer in die größte Verlegenheit zu bringen, sie alle sollen es nämlich erst herstellen. Dabei ist es wie geschaffen dafür, geknickt, verschmutzt oder durch Krikelkrakel verunziert zu werden, ja, nichts zieht Tintenkleckse und Fettflecken so magisch an wie das Poesiealbum.

Album heißt es wohl, weil es dem mit einem Lächeln und mit treuherzigem Augenaufschlag von einer mädchenhaften Vorsehung zum Inskribenten Erkorenen umgehend Albträume verursacht, was aber hat dieses Dingsbums mit Poesie zu tun? Es ist nur zu hoffen, daß man nicht der erste ist, der dies aus lauter reinweißen, unbeschriebenen Blättern bestehende, goldrandige, gepolsterte und mit Leder bezogene Buch seinem profanen Zweck zuführt. Welches Glück, wenn schon Einträge darin sind. Schauen wir nach, dann finden wir zum Beispiel:

Im Glück nicht stolz sein und im Leid nicht zagen.
Das Unvermeidliche mit Würde tragen,
Das Rechte tun, am Schönen sich erfreuen.

Da hat sich ein Vorgänger schon selbst getröstet; wir danken recht herzlich für den freundlichen Hinweis. Der Autor dieser Zeilen, Karl Streckfuss, kompensierte das Unvermeidliche seines Namens mit einem lobenswerten Pseudonym: Leberecht Fromm.

Welche Lebensregeln, in Verse gefaßt, finden sich noch?

Was Du hast, kannst Du verlieren,
was Du kannst, wird stets Dich zieren!

Wir blättern hastewaskannste weiter und siehe da:
> *Des Lebens Sonnenschein ist Singen und Fröhlichsein!*

Dies schrieb Dir Deine Mitschülerin *Unleserlich*
Doch es folgt ganz unvermeidlich wieder eine herzinnige Ermutigung.
> *Zur Beherzigung.*
> *Wenn alle Menschen Dich verlassen,*
> *wenn alle Menschen spotten Dein,*
> *auf zwei kannst Du Dich stets verlassen,*
> *auf Gott und auf Dein Mütterlein!*

Woraus wir wohl folgern dürfen: Keine Angst, Gott ist auch nur ein Mensch. Doch alle frisch geschöpfte Hoffnung wird ein paar Seiten weiter schon halb zu Schanden.
> *Liebe das Mutterherz, solange es schlägt,*
> *wenn es gebrochen ist, ist alles zu spät.*

Traurig aber wahr, doch hatte nicht manch schlagendes Mutterherz auch schon blaue Augen zur Folge? Darum
> *Zufrieden sein mit seinem Lose,*
> *das ist des Menschen höchstes Glück,*
> *denn Dornen hat ja jede Rose*
> *und jeder Mensch sein Mißgeschick.*

So ist es und handelte es sich auch nur um das mißgeschickte Album, also
> *Genieße, was Dir Gott beschieden,*
> *entbehre gern, was Du nicht hast.*
> *Ein jeder Stand hat seinen Frieden,*
> *ein jeder Stand hat seine Last.*

Genug genossen, nur ein Poemchen vermisse ich doch sehr – den heimlichen Artikel 1 des Grundgesetzes aller Mädchenpensionate, die unheimliche Verfassung der Höheren Töchter. Es findet sich schließlich:
Sei wie das Veilchen im Moose, sittsam, bescheiden und rein
und nicht wie die stolze Rose, die stets bewundert will sein.
Jawohl, so sei! Denn
> *Ungewiß und vergänglich ist das Glück;*
> *gewiß und ewig bleibt die Pflicht.*

Ernst Freiherr von Feuchtersleben hat außer dieser Erkenntnis eine 'Diätetik der Seele' abgefaßt, in welcher er die Gesunderhaltung des Körpers durch die Willens- und Geisteskraft lehrte. Wir spannen all unsere Willens- und Geisteskräfte an und wenden uns schweratmend ab von der Lektüre ... was stand da noch?

Willst Du glücklich sein im Leben,
Trage bei zu and'rer Glück,
Denn die Freude, die wir geben,
Kehrt ins eigne Herz zurück.

Darauf setzen wir unsere ganze Hoffnung. Es wird Zeit für den eigenen Beitrag zur Albumspoesie. Das heißt, ein eigener sollte es auf keinen Fall sein, das schickt sich nicht, man drängt sich nicht unter erlauchte Geister. Ein rechter Poesiealbumsbeitrag sollte, wie die Beispiele zeigen, gut abgehangen sein und einen gewissen Hautgoût haben.

Man möchte jedoch auch nicht das dritte Veilchen im Moose sein. Ein Blumenstück wäre nicht schlecht, wären nicht alle möglichen Blumen schon so ausgiebig besungen worden. Rosen über Rosen, Astern und Flieder, Levkojen und Georginen, Tulipan und Kaiserkrone, Schneeglöckchen und Narzissen und der rot brennende Mohn.

Ein altes Problem mithin und ein wohlbekanntes; wie froh ist man da für den Wink der Sophie von Haza, der es uns ermöglicht, nicht länger denjenigen zugerechnet zu werden "welche alle Blumen, nur die Kamille nicht, besängen, die doch denen so heilsam sei, die, wie sie, an Krämpfen litten."

An welchen Krämpfen litten wir vor diesem Album nicht. Der Freund des Hauses, Heinrich von Kleist, litt es auch länger nicht, schrieb ein Loblied auf den unscheinbaren Korbblütler und pries gleich die unverhältnismäßig stärkere spasmolytische Wirkung der Freundin dazu.

An S v. H
(als sie die Kamille besungen wissen wollte)

DAS Blümchen, das dem Tal entblüht,
Dir Ruhe gibt und Stille,
Wenn Krampf dir durch die Nerve glüht,
DAS nennst du die Kamille.

Du, die, wenn Krampf das Herz umstrickt,
O Freundin aus der Fülle
Der Brust, mir so viel Stärkung schickt,
DU bist mir die Kamille.

Mit der Eintragung dieses Werkes in jedes etwa vorgehaltene Poesiealbum werden wir weiteren Zumutungen solcher Art für einige Zeit entgehen.

Nach so vielen Sinn- und Hinweisen, Sprüchen und Vermahnungen zu Sittsam- Reinlich- und Genügsamkeit, zu Reinheit und Bescheidenheit, was ist es eigentlich, das den Sinn dieser Hervorbringungen ausmacht? Die gute Absicht und das überaus edelmeinende Wohlwollen ist es sicher nicht. Überhaupt, was haben wir mit Absichten zu tun, wir handeln mit Texten und da ist, wie der Hamburger saacht, ümmer schon Sinn inn! Wir brauchen den Sinn also nicht erst zu suchen, wir kommen gar nicht drumum. Das glauben Sie nicht? Dann wollen wir mal sinnstiften gehen. Fangen wir mit dem Grundlegenden an, nicht mit Sätzen, nicht mit Wörtern und Silben sondern mit den Buchstaben. Wie folgenreich die Beschäftigung mit den kleinsten Einheiten sein würde, das erkannte Wilhelm Busch schon, während sich die Curies gerade mit dem Atomzerfall beschäftigten.

DIE KLEINSTEN
Sag Atome, sage Stäubchen.
Sind sie auch unendlich klein,
Haben sie doch ihre Leibchen
Und die Neigung da zu sein.

Haben sie auch keine Köpfchen,
Sind sie doch voll Eigensinn.
Trotzig spricht das Zwerggeschöpfchen:
Ich will sein so, wie ich bin.

Suche nur sie zu bezwingen,
Stark und findig, wie du bist.
Solch ein Ding hat seine Schwingen,
Seine Kraft und seine List.

Kannst du auch aus ihnen schmieden
Deine Rüstung als Despot.
Schließlich wirst du doch ermüden,
Und dann heißt es: Er ist tot.

Man kann sich auf die kleinsten Teilchen kaprizieren und beschließen, nur mit ihnen zu arbeiten; man kann sich also ausschließlich auf die Buchstaben stützen, sie verschieben und vertauschen und sehen, welche Bedeutungen sie nahelegen. Es zeigt sich dabei, daß die Wörter ihren Sinn nicht für sich haben und demzufolge auch die Texte nicht. Wir sind es, die einen Sinn für sie haben, wir lesen ebenso hinein wie heraus.
Ich werde das gleich vorführen, und man wird sehen dabei, daß immer zwei einen Text machen: der Autor und der Leser – und der Leser erschafft nicht notwendigerweise den gleichen Text wie der Autor. Es steht etwas auf dem Papier, aber es ist nichts an und für sich, es will erst wahrgenommen werden.
Was für manchen überaus schwierig klingen mag, ist so einfach wie lesen, wenn man es erst einmal kann. Es ist nur nicht so einfach zu verstehen, was man da eigentlich gelernt hat.
Lesen – bei Schulkindern, die sich diese Kunst gerade aneignen, kann man den Vorgang noch an den Lippen sehen und den Fortschritt beim Lesen am Fortgleiten des Zeigefingers die Zeile entlang. Darüberhinaus und späterhin ist nicht sichtbar was geschieht, darum gilt es als ausgemacht, es geschehe nichts besonderes. Doch es geschieht etwas Besonderes, man

müßte es eine Sonderung nennen, ein Trennen und Fügen, Zupassen und Abnehmen von Sinn. Denn Sprache ist Sinn, daß wir Unsinn reden und schreiben können hat diesen Sinn zur Voraussetzung.
Deswegen sind Sie, die Leser, auch Mitschöpfer, wenn Sie dabeibleiben und zu Ende lesen. Aber wollen wir es doch ausprobieren. Ich habe ein Wort genommen, mir eine Regel gegeben und daraus ein Gedicht gemacht. Sie werden es lesend herstellen. Das Wort heißt *Zuneigung* und die Regel lautet: die in diesem Wort vorhandenen neun Buchstaben, von denen drei doppelt vorkommen, dürfen in beliebiger Reihenfolge kombiniert werden. Es dürfen beliebig viele Leerstellen eingefügt werden, in jeder Zeile müssen alle neun Buchstaben stehn. Nach diesem Verfahren der Permutation habe ich Ihnen folgenden Text vorgeschrieben.

BUCHSTÄBLICH VERFOLGT

zuneigung
nein gug zu
ungeizung
zeigung nu

gnie zug nu
gnu zu gnie
ging neu zu
zugneig nu

zungung ei
nu nug geiz
zungu neig
ei gung nuz

zung nei ug
nu zeig nug
zu genug ni
nun geig zu

i genuzung
genuzung i
zu ungneig
zu eingung

nei zu gung
nein zu gug
nu zei gnug
zueignung

Sie haben soeben eine kleine Geschichte gelesen, die gar nicht da steht. Eine Geschichte der Annäherung, der Zudringlichkeit, der Gewalt vielleicht sogar, schließlich der Abwendung. Diese Geschichte ist von Ihnen, zugegeben, ich habe sie provoziert. Es ist eine erlesene Geschichte; die Umstellung der Buchstaben ergibt eine seltsam verwandte Sprache, in der einige Wörter durch Verkürzung verstümmelt sind aber verständlich bleiben und andere, die Sie nie gehört haben, durch den Kontext einen klaren Sinn bekommen. Die Zungung wie auch die Genuzung - völlig unnug zu erklären.
Sie nehmen dem Durcheinander von Lettern, ganz wie sonst auch, seine Bedeutung ab. Greifen wir tief in den literarischen Baukasten, verbinden wir und montieren und setzen wir auf unsere lesenden Mitarbeiter – es macht sich schon.
Ich habe das Material der Permutation in sechs Strophen geordnet, das verschafft dem Buchstabensalat Zusammenhang und Struktur. Jede der vierzeiligen Strophen ist so etwas wie eine Episode der Gesamtgeschichte. Der Bogen reicht von der Zuneigung der ersten Strophe bis zur – allerdings verweigerten – Zueignung der letzten. Innerhalb der Strophen reimt es sich kreuz und quer, das wäre, bei dem wenigen Material, das zur Verfügung steht, auch gar nicht zu vermeiden gewesen. Es reimt sich zu und zu leicht auf -ung und -gung. Reime stehen am Anfang, in der Mitte, am Ende, kreuzen sich vom Anfang der einen Zeile zum Ende der nächsten und so fort. Bis auf drei sind alle 24 Verse dreisilbig und klingen **dam da dam** das wiederholte 'I Genuzung' als viersilbig betonter

Hilferuf, sprengt diesen Rahmen und den Versuch der Annäherung gleich mit.
Damit haben wir das Material in unserem Baukasten fürs erste gesichtet. Wir wollen uns mit dem Bekanntesten, dem Reim, zunächst näher beschäftigen.
Einmal abgesehen davon, daß die Mehrzahl der modernen Gedichte mehr oder weniger gut ohne ihn auskommt, so ist doch für die meisten Leser von Kindheit an ausgemacht: ein Gedicht ist, was sich reimt, und was sich reimt ist ein Gedicht.
Ein Reim in einem Gedicht ist wie Leim, da haben wir schon den ersten, der die Verse zusammenhält. Die einfachste Methode, einen Reim zu finden, ist es, einen Buchstaben, nämlich den Anfangsbuchstaben, zu verändern und so Heim, Keim, Seim, beim, Leim zum Reim werden zu lassen. Sollte Ihnen diese Reihe noch nicht langen, dann biegen Sie sich etwas Passendes zurecht, wie Robert Gernhardt es macht in dem uns schon teilweise bekannten Gedicht: Folgen der Trunksucht. In ihm kommt nicht nur der versoffene Schreiner vor sondern auch noch ein alkoholisierter Dichter.

Seht ihn an, den Dichter.
Trinkt er, wird er schlichter.
Ach, schon fällt ihm gar kein Reim
auf das Reimwort "Reim" mehr ein.

So geht's doch, und Ihnen ist der Reim auf Leim zu schlicht? Peter Rühmkorf, um einen anderen Reimkünstler zu beschwören, - man halte sich im Zweifel stets an einen erprobten Vorgänger, will man auf sicherem Boden gehen - findet das gar nicht. Er verbindet den banalen Leimreim mit einem, den es im Deutschen angeblich nicht gibt, dem Reim auf: Mensch.

Die schönsten Verse des Menschen
Nun finden Sie schon einen Reim! -
Sind die Gottfried Bennschen:
Hirn, lernäischer Leim.

Ja, werden Sie vielleicht sagen, das ist zwar ein schöner menschlicher Reim, jedoch im Plural, wohl weil der Homo sapiens selten allein vorkommt. Auf was reimt sich denn ein einzelner Mensch? Die Reimlexika wissen es nicht. Wir wollen es aber jetzt wissen. Was sich nicht zwingen läßt, wir wollen sehen, ob es sich fügt.

MENSCH, REIM!

Der lang gesuchte Reim auf Mensch,
das kann doch gar so schwer nicht sein, entsch -
tschipü! - schulljen Sie, in french
reimt es sich omm auf pomm
deterr, auf ten in Angleterr,
ich komm noch auf'n deutschen Reim -
ein Mensch, wie nu? . . . im Trench, na klar,
back-bencher wird er sein, der Mann,
so Menscher man nicht reimen kann,
der beste Reim auf Mensch, ich mein, kann nur
Friedel Hensch und die Cypris sein,
was wär so ungewöhnlich schön und heikel,
wie dieser Menschen Mond von Wanne Eickel?
Nichts!

Zugegeben, an Friedel Hensch und ihre komischen Lieder wird sich des Reimes wegen wohl niemand mehr erinnern. Der Leimreim als Reimleim ist noch nicht der allergewöhnlichste, dieses Reimpaar hat wenigstens den Zweck zum Inhalt. Der einfachste Reim ist der identische, zweimal vom selben. Noch leichter kommt man nur auf die Allerweltsreime, von denen es allüberall geradezu wimmelt. Sie schmuggeln sich in jeden Zusammenhang. Nicht nur im deutschen Schlager finden sich Liebe & Triebe, Sonne & Wonne, Herz & Schmerz, Brust & Lust, daß es nur so kracht. Das ist einem Dichter nicht erlaubt, meinen Sie? Gut, daß es der würkliche und geheimbde Rath nicht mehr hören kann.

Die Sorge nistet gleich im tiefen Herzen
dort wirket sie geheime Schmerzen,
so Faust im Studierzimmer allein. Sorge wegen dieses Reimpaars dürfte der Dichter nicht gehabt haben. Dürfen wir uns also aus dem Schatz der Muttersprache nicht auch nach Belieben bedienen? Halten wir uns an den Rat des Mephistopheles:
Das kommt nur auf Gewohnheit an.
So nimmt ein Kind der Mutter Brust
Nicht gleich im Anfang willig an,
Doch bald ernährt es sich mit Lust.
So wird's euch an der Weisheit Brüsten
Mit jedem Tage mehr gelüsten."
Bis zu diesen Versen, in fortlaufenden Nummern 1888 bis 1893 habe ich nachgesehen, wir sind noch immer im Studierzimmer und ganz am Anfang des Stücks. Es waren dreimal die Triebe dabei, auf die die Liebe sich einen Reim macht oder umgekehrt, und stolze siebenmal fand sich die Brustlust in der Poetenbrust. Mache sich einen Reim darauf wer will. Wir dürfen schmerzlos herzhaft reimen, wir dürfen überhaupt alles, wir müssen es nur können.
Es sind nicht die Allerweltsreime, die im Faust auffallen, sondern eine ganz andere Gruppe: die mundartlichen. Wenn das gramgebeugte Gretchen unter dem Andachtsbild spricht:
Ach neige, Du Schmerzenreiche
hört man da nicht eher die geraubten Sabincherinnen sachen: Ach neiche? Und um es bis zur Neiche auszukosten: es habe, heißt es, einem alten Theaterscherz zufolge, in einer Aufführung am säks'schen Hofdeader in Dräsdn vorn Geenich heechsberseenlich so geklungen. Auf Faustens Ansinnen hin:
Mein schönes Fräulein, darf ich wagen,
Meinen Arm und Geleit Ihr anzutragen?
erwiderte Margarete:
Bin wädr Freilein, wädr scheen
Gann unbekleidet nach Hause gehn.

Keine besonders logische Erwiderung, weshalb sie keinen besonderen Eindruck macht. Und außerdem ist es die falsche Lesart. Das Fräulein, das keins sein will, nach heutigem Verständnis aber gerade noch eins ist, wünscht nicht **unbegleitet** sondern **ungeleitet** zu gehen! Sie ist also aufgeklärt die Grete, denn Aufklärung ist, so Altmeister Kant, *die Entlassung des Menschen aus seiner selbstverschuldeten Unmündigkeit. Unmündigkeit ist das Unvermögen, sich seines Verstandes ohne* **Leitung** *eines anderen zu bedienen. Selbstverschuldet ist diese Unmündigkeit, wenn die Ursache derselben nicht am Mangel des Verstandes, sondern der Entschließung und des Mutes liegt, sich seiner ohne* **Leitung** *eines anderen zu bedienen. Sapere aude!*
Sacra di! Wer hätte diese Mündigkeit von unserem Gretchen erwartet? Aber es bringt, wir wissen es ja längst, das gute, aufgeklärte Kind nur fauler Zauber zu Phall.
Goethes Wirkungsort Weimar liegt aber nicht in Sachsen sondern in Thüringen, und der Meister selbst stammt bekanntlich aus Frankfurt. Demzufolge bewegen wir uns bei unserer kleinen Spekulation im falschen Idiom. Es muß heißen: neische du Schmerzenreische, und alls so fort im reische Frankforter Dialekt, und die Frau Marthe im Monnolooch in ihrm Gadde saacht:

> *Gott verzeihs meim liebe Mann*
> *Er hat an mir net wohlgedaan*
> *Geht da stracks in die Welt enei*
> *Und läßt misch auf dem Stroh allei.*
> *Tät ihn doch wahrlisch net betriebe*
> *Tät ihn weiß Gott rescht herzlisch liebe*
> *Vielleischt iss er gar dod! - O Pein! - - -*
> *Hätt isch nur einen Dodeschein!*

Mer sieht förmlisch, wie mer de Geheimrad beim Dischte for sisch hinbabbele hert. Einem hessischen Mundartdichter zufolge soll Goethe denn auch auf dem Sterbebett nicht mehr Licht gesehen oder danach verlangt haben, er habe lediglich eine Beschwerde nicht mehr zu Ende bringen können: mer

lischt so schlescht uff dehne Betten!
Was ein Reim ist, wüßten wir jetzt, wenn wir es denn nicht lange schon gewußt hätten, gut genug. Vom identischen Reim waren wir am Anfang ausgegangen, den Schlagreim - taz-FAZ, erkennen wir auf Anhieb, ebenso den rührenden Reim; Heine paarte einmal den Teetisch mit ästhetisch. Den erweiterten Reim, das sind mehr als zwei Reimsilben nach gleichlautendem Konsonanten, sowie den reichen Reim, eine entsprechende Konstruktion nach ungleichen Konsonanten, werden Sie später sehen. Halten Sie nur die Augen auf.
Dann hätten wir da noch die Assonanz und die Alliteration, gleich ein hübsches Beispiel für das zweite. Assonanzen oder Halbreime werden Sie in meinem nächsten Gedicht finden, das sind Wortfolgen, bei denen die Vokale gleich bleiben oder ähnlich klingen, die Konsonanten aber ganz verschieden sind.
Gewissermaßen das Gegenteil ist der Stabreim, hier bleiben die Anfangskonsonanten gleich und die Vokale sind verschieden. Diese alte Form der rhythmischen Gliederung, die in unserem Sprachraum vor dem Reim gepflegt wurde, erfüllt – klug angewendet – auch heutzutage noch ihren Zweck.
Nehmen wir als Beispiel den auftrumpfenden Stabreim aus dem Gedichtkranz: *O du, der du* von Robert Gernhardt, in seinem *An einen pyromanischen Butler* bezeichneten Gedicht.

O Diener, der du dadurch dienst,
daß du dem Herrn das Bett verminst,
bedenke!

Das wundervoll zehnfach stabende 'd' deutet die dräuende Detonation direkt an, bis hin zum aufs äußerste gesteigerten "bedenke!", in welchem das elfte 'd' eingefaßt ist in die Explosivlaute b und k.
Welch entschiedener Aufruf, abzulassen vom frevelhaften Tun, ist diese letzte Warnung: 'bhe-'deng-'khe! Das Originalgedicht führt etwas umfänglicher die widerwärtigen Folgen des Vorhabens aus, denn natürlich soll der ungetreue Diener

hier bedenken: *ob denn die Freude kurzen Krachens aufwiegt die Last des Saubermachens.*
Dies soll uns hier nicht weiter interessieren, bei einem solchen Angestellten muß man wohl annehmen, daß er den Ort des Grauens am Ende unaufgeräumt beläßt.
Ich werde nun die beiden Reimarten schön durcheinandermengen und ein dunkles, dumpfes U sich durch ein Gedicht winden lassen, in dem zu gleicher Zeit ein aufgewecktes, helles D fröhlich herumstabt. Dieses yinnige, yangige Helldunkelgedicht beschreibt konsequenterweise eine Lösung, die keine ist.

GIN UND JUNK

Hat mancher Dussel nicht auch Dusel,
macht nicht fusselig der Fusel,
fummelt duhn und dummelig
der Suffkopp sich nicht brummelig,
bis die Sektflasch endlich "plopp" sacht
und sich der Korken: hopp! davon macht?

Und endlich dann:

in seinem Dusel eingenusselt,
in Sektlaun so dahingedusselt,
ist bald der Rest der Welt verschusselt
und all ihr Grausen und ihr Grusel!

Eine deutsche Sonderform des Reimens ist der Schüttelreim. Es gibt wahre Ungetüme solcher Schüttelgereimtheiten, der echte Liebhaber geht unerschrocken ans Werk. Die meisten Schüttelreime sind gebraucht, sie werden wieder und wieder verwendet, sind aber durch dieses Recycling gerade in gutem Zustand. Die Reimsilben werden in den Versen vertauscht, eben geschüttelt, dabei leider allzu oft eher schlecht als recht zusammengerüttelt. Unter dem ehernen Zwang des Reimtausches gehen Zusammenhänge verloren oder müssen über Gebühr zu einander gebogen werden. So verliert sich die Freude am überraschenden Gleichklang gleich wieder in der

Fragwürdigkeit des Zusammenhangs. Wir wollen einmal sehen, ob wir dieser Falle nicht entgehen können.
Wenn etwas Männer in Bewegung bringt, so ist es nicht der Fußball sondern das Bier. Beim alljährlichen bayrischen Antikanaan wird die massenhafte Verwandlung von Bier in Wasser, nein, nicht zelebriert, ganz im Gegenteil erlitten. Wohl mehr noch von unbeteiligten Herren und Damen als von denen, die sich unbedacht selbst mächtig unter Druck setzen. Wohl jedem Mann, der sie einmal probiert hat, leuchtet unter solchen Umständen die große Verbreitung der kurzen Lederhose in Bayern ein. Da mag der bessere Herr, der statt der volkstümlichen Krachledernen den in Wahrheit tümlicheren Loden trägt, sich für besser angezogen halten - jedoch das rächt sich.

LODENHOSENLOS

Die Maß ist leer, das Maß ist voll;
Bajuwar, nicht oktoberfest
zudem ein wenig overdressed,
eilt sich, daß er das Zelt verläßt,
denn müssen muß man mal,
was Mann nicht soll.

Wie macht von Trachten man sich frei,
wo man so frei ist zu betrachten,
wo ohn jedwed Erbarm die Schergen
die greifen, die die Scham nicht bergen.

Doch es muß sein, die Not ist groß,
da steht er nun vom Loden bloß,
ist darob bodenlos beschämt,
weshalb er alsbald sich bequemt,
den Hosenloden zu verschließen,

er müht sich ab mit klammen Fingern
an viel zu großen Hirschhorndingern,
mit dem Reißver- wär schon Schluß,

– zur Ruhe muß man oft sich zwingen,
lenkt ab den Geist mit andern Dingen –

dann mit verschlossnen Lodenhosen
geht wieder makellos und froh
zurück er zu den Hodenlosen.

Man macht so leider weiter Moden,
sei er gescheiter, meid er Loden!

Natürlich hätten sich – etwa anläßlich einer abschließenden Schlackerbewegung, noch leicht die losen Hoden unterbringen lassen, aber
      wir machen nicht alles,
      nur walles sich reimt!
Nachdem wir die Reime gesichtet haben und damit eines unserer Hauptmittel kennen, gab es da nicht noch ganz undurchschaubare Regeln für den Bau von Versen. Erinnern wir uns nicht mit gelindem Schrecken an Pentameter, Hexameter und andere unergründliche Längenmaße? Muß man das nicht unbedingt wissen, um die eigenen Hervorbringungen ins rechte Versmaß zu setzen?
Man muß nicht! Beschäftigen wir uns lieber mit dem Rhythmus, ohne uns lange mit Versfüßen zu traktieren. Die meisten Dichter verstehen von Metrik soviel wie die Vögel von der Ornithologie. Wir haben die Sprache schon in uns aufgenommen, bevor wir in die Schule kommen. Die Schulgrammatik war nicht vor der Sprache da und hat ihr die Regeln gegeben, sie ist umgekehrt erst mühsam der Sprache abgelesen und in vielen Regeln und noch mehr Ausnahmen höchst unzureichend fixiert worden.
Falls Sie partout in Hexametern schreiben wollen, müssen Sie viele Hexameter lesen; wenn Sie den Rhythmus in sich aufgenommen haben, wird er auch irgendwann in Ihren Worten wieder herauskommen. Metrik ist ein Berufsfeld für Spezialisten, das zu deren Leidwesen nicht mit -logie aufhört wie

sonst jede anständige Wissenschaft: etwa die Etymologie (naja) oder die Endokrinologie oder die Entomologie.
Es müssen die verehrten Versgelehrten, als Metriker verkannt, ihre Verse ohne Elogen vermessen, das heißt ihre natürlich nicht sondern unsere. Viel einfacher, als sich an altväterlichen Metren zu orientieren, und so viel naheliegender ist es, sein Gefühl für Rhythmus zu trainieren; schließlich unterscheiden sich im Deutschen die einzelnen Silben nicht durch ihre verschiedene Länge wie bei den alten Griechen sondern durch mehr oder weniger betonte Silben. Das ist viel leichter musikalisch zu verstehen als metrisch.
Folgen wir mal einer Feuerwehrkapelle auf dem Versfuß. Das, was der letzte Mann, der mit der dicken Trommel vor dem Bauch, meist von sich gibt ist: **dumm – bumm – dumm – bumm**, er produziert einen ganz ungegliederten Schlag. Nur im günstigsten, selten anzutreffenden Fall kommt er in gleichen Abständen, und diese musikalische Leistung bringen viele Wasserhähne weit besser zustande. Der eigentliche Sinn dieses akustischen Signals dürfte es sein, das Publikum wissen zu lassen: das war's, die Straße ist wieder für einen sinnvolleren Gebrauch freigegeben.
Fortgeschrittene Träger der großen Trommel haben sich bisweilen zu einer Differenzierung der Schläge durchringen können, sie betonen einen von zweien. Meist hauen sie beim ersten stärker drauf, das klingt dann: **Dumm** kopf **Dumm** kopf ...sie bevorzugen den Trochäus. Aber unangepaßte Individuen, die es partout anders machen müssen, gibt es überall, selbst in Feuerwehrkapellen, die betonen dann jambisch den zweiten Taktteil zu: hau **rein** hau **rein**. . . . Virtuosen des Eigensinns verknüpfen beide Zweierrhythmen zu: **Dumm** kopf **Dumm** kopf hau **rein** hau **rein Dumm** kopf **Dumm** kopf **Dumm** kopf **Dumm rein** hau **rein** kopf **rein** hau **Dumm** usw.
Sollten Sie statt einer Feuerwehrkapelle lieber einer Sambaband nachlaufen, wird es etwas komplizierter aber wesentlich interessanter. Da hören Sie neben Einer und Zweier auch

einen Dreier-Rhythmus und der geht so: **Dumm** backe **Dumm** backe **Dumm** backe **Dumm**. Auch ein Vierer-Rhythmus kommt vor und der klingt **Kni**-cker-bo-cker **Kni**-cker-bo-cker **Kni**-cker-bo-cker **Kni**-cker-bo-cker. Nun können wir alle vier Rhythmen nach Belieben kombinieren. Lesen Sie sich die Silben laut vor, und zweifeln Sie keine Sekunde daran, daß Sie die Idealbesetzung sind für ein vokales Schlagzeug!
Dumm Bumm Dumm Bumm Dummbacke **Dumm**backe **Kni** cker bocker **Kni**-cker-bo-cker **Dumm**backe **Dumm** kopf **Kni**-cker-bo-cker **Dumm**kopf **Dumm**backe hau **rein Dumm**backe hau **rein Dumm**backe **Bumm Dumm**backe hau **rein Kni**-cker-bo-cker **Dumm**kopf hau **rein Dumm**backe **Dumm**kopf **Dumm**backe hau **rein Kni**-cker-bo-cker **Dumm**backe **Bumm**!
Da ich Ihnen keinen Trommellehrgang sondern einen Lyrikbaukasten versprochen habe, wollen wir es hier genug sein lassen. Es reicht völlig, wenn Sie versuchen, wie es gerade geht, Ihre Zeilen mit etwas mehr Betonung zu lesen. Wenn Sie diese Rhythmen vor sich hinsprechen können, im Wechsel den Zweier, den Dreier, den Vierer und alle drei durcheinander, dann sind Sie auch in der Lage, Ihren Text richtig zu lesen und die betonten von den unbetonten Taktteilen zu unterscheiden. Mehr als das braucht es nicht, aber das brauchen Sie unbedingt.

Wie Reim und Rhythmus als Mittel zur Gliederung von Texten im Grunde genommen Wiederholungen sind, so lassen sich auch Verse und ganze Strophen als ein Ausdrucksmittel wiederholen. Allerdings müssen Wiederholungen sparsam eingesetzt werden, sollen sie nicht Widerwillen erzeugen.
Nehmen wir einen kleinen Text, es könnten Verse eines Volksliedes sein, über einen lange zurückliegenden Kriminalfall, ein Familiendrama, einen Vatermord auf Bestellung möglicherweise.

EDWARD

„Dein Schwert, wie ist's von Blut so rot?
Und gehst so traurig her!"
"O ich hab geschlagen meinen Geier tot,
Und keinen hab ich wie er!"

Abgesehen davon, daß man eher einen Adler oder einen Falken erwartet hätte als einen Geier, so hätte Edward doch lieber 'traurig hin' gehen sollen statt her und hätte keinen 'wie ihn' gehabt statt wie er. Oder hat der Autor gemeint: Und keinen hab ich, wie er einen hatte – einen Schlagetot nämlich für sich selbst, den unseligen Geierschlächter.

„Deins Geiers Blut ist nicht so rot,
Mein Sohn bekenn's mir frei!"
„Ich hab geschlagen mein Rotroß tot,
Und's war so stolz und treu!"

Wir haben nicht das Wissen über die Blutröte der Arten wie die zweifellos blaublütige Mutter des Roßtöters Edward, aber wir ahnen schon, daß auch dies noch nicht die ganze traurige Wahrheit ist.

„Dein Roß war alt, und hast's nicht not!
Dich drückt ein andrer Schmerz."
„Ich hab geschlagen meinen Vater tot!
Und weh, weh ist mein Herz."

Nun in der dritten Strophe kommt er also endlich mit der Wahrheit heraus der Johann Gottfried Herder, und - weh, weh, hier haben wir das Kunstmittel der Wiederholung ganz untadelig eingesetzt. Jedoch der oben zitierte Text ist nur eine Auswahl aus den die Geschichte forttragenden Versen. Sie werden in dieser ausufernden Ballade nämlich fast alle wiederholt, nur noch unterbrochen durch die Ausrufe: Edward, Edward! oder Mutter, Mutter! Abgeschlossen werden sie äußerst effektvoll durch den weit aufgerissenen Schmerzensmund – O!

„Und was für Buße willt du nun tun?
Edward, Edward!
Und was für Buße willt du nun tun?
Mein Sohn, bekenn mir mehr! - O!"
„Auf Erden soll mein Fuß nicht ruhn!
Mutter, Mutter!
Auf Erden soll mein Fuß nicht ruhn!
Will gehn fern über's Meer! - O!"

„Und was soll werden dein Hof und Hall?
Edward, Edward!
Und was soll werden dein Hof und Hall?
So herrlich sonst und schön! - O!"
„Ich laß es stehn, bis es sink und fall!
Mutter, Mutter!
Ich laß es stehn, bis es sink und fall!
Mag nie es wieder sehn! - O!"

Welch hochdramatisches Zwiegespräch! Es ist kaum auszuhalten, und darum wollen wir die letzten beiden Strophen in stark abgekürzter Form hier anfügen.

„Weib und Kind? Edward!
Weib und Kind - O!"
„Betteln drin, Mutter!
Betteln drin - O!"

„Mutter teu'r? Edward!
Mutter teu'r? - O!"
„Höllisch Feu'r! Mutter!
Höllisch Feu'r! - O!"

Mit der Wiederholung sind wir bei der eigentlichen, inhaltlichen Textarbeit angekommen. Reim und Rhythmus sind ja eher äußerliche Gliederungen, sie haben mit dem Textinhalt noch wenig zu tun, wie sich bei den Schüttelreimen deutlich gezeigt hat. Wir sind zwar auch bisher schon mit deutlich unterscheidbaren Sprachebenen umgegangen, genau genom-

men ständig, aber wir haben kaum darauf geachtet. Oder sollte Ihnen das schon aufgefallen sein?
Natürlich macht es einen Unterschied, ob Wörter und Redeweisen aus der Alltagssprache genommen werden oder aus gehobener Rede, ob elaboriert, vulgär, stammelnd, im Dialekt oder sonstwie gesprochen wird. Alles kann für unsere Zwecke brauchbar sein.
Wer sich lyrisch frei bewegen will, muß den ganzen Spielraum der Sprache nutzen wollen. Es fügt sich das lateinische Bildungsfaible zu den Aussprachregeln der gewachsenen Schnäbel. Die politische Fasson der Sonntagsreden läßt sich verkuppeln mit dem Jargon der Feuilletonfehden, es harmonieren diverse Arten von Fachchinesisch mit den Sackgassen des Argaut, das: Das sagt man nicht, mit dem, das sagt man so!
Nehmen wir nur mal die allerdeutscheste der Sprachen, die urtümliche Redeweise des Jägersmanns, für den der Hase wie im Mittelhochdeutschen noch in der Sasse sitzt: untriuwe ist in der sâze, gewalt vert ûf der strâze, fride unde reht sind sêre wunt! In welcher Jagderzählung schnürt der Fuchs nicht zuverlässig über die Wiesen, und doch hat sich kein Erzähler je in den Schnüren verheddert? An welchem Himmel rüttelt der Falke nicht, daß es Asterix graust, und doch fällt dieser Himmel dem Weidmann nicht auf den Kopf und dieser deshalb nie auf den Äser. Scheuen auch wir vor nichts zurück und lassen ihn zu Wort kommen, den Grünrock, im hallaligen Idiom der Schluchten und der Bergeshöhn. Verachten wir nicht sein frohgemutes Horrido, allerdings verlieren wir uns auch nicht in Romanen, deren unüberschaubar viele schon in selten genutzten Bibliotheken zu recht verstauben.
Nutzen wir die bildkräftige Fülle von Ausdrücken zum Beispiel für Verhalten und Körperteile des Wilds. So sagt man zünftig, wenn der Grünrock weibliche Schwarzkittel anspricht, das heißt ins Visier nimmt und die Büchse auf sie anlegt, niemals Säue sondern stets Sauen. Die Eckzähne der männlichen Wildschweine, ihre dräuenden Hauer, die der

Jägersmann zu recht fürchtet – geraten die Tiere ihrem Jagdherrn gegenüber doch leicht in überschäumende Wut – sie sind des Ebers Gewaff. Die Nase der Schweine, mit der sie die Trüffel aufspüren und den Boden aufreißen, nennt man nicht etwa Schnauze, sie ist ihr Gebrech. Und schließlich – wenn ein wildes Tier windet, so prüft es, ob die Luft rein ist. Nun wollen wir sehen, was sich mit dem gesammelten Material machen läßt.

JAGDBALLADE

*Tritt nach dem Dämmer düstrer Tage der
alte Nimrod in das Land der Innrung ein,
scheint es ihm immer so, als ob er jage
ins hell're Licht der Geisteswelt hinein,*

*mit Arko an der Lein sieht er sich pirschen,
nach großem Wilde nicht nach damschen
Hirschen – mit Halali und Ballerei
trifft er so manches oder scheußt vorbei,*

*hat für die somnambule Jagd sich frisch gemacht,
s'Gewaff im Glase auf dem Tisch der Nacht,
Jagdgründe hatt' er, die nur ihn betrafen,
emphatisch weidzuwerken während andre schlafen.*

*So war es auch nicht Bagatells Geschoß,
als Nimrod sich piff paff zum Schuß entschloß;
wenn sich ein Wild im Wald beim Hundern findet,
da gilt kein Wundern, es hat alsbald ausgewindet.*

*O, welch horribles Horrido, dem eignen Hund
die Kugel anzutragen. Da liegt das Stück. Wund
ist des Jägers Herz, wer würd es wagen, dem
schwer Betroff'nen seine Teilnahm' zu versagen.*

*O weh, der traute Arkoblick erblindet,
da Nimrods alter Augen Sehkraft schwand,
der treue Hund im Dienst sein Ende findet,
der Jägersmann im Traum die Brill nicht fand.*

Die treue Hundsleich noch im Arkophag,
bellend die Totenruh nicht halten mag,
mit Katzenfellen auf dem Katafalk
bedeckt man den ausgekühlten Balg.

Wo bleiben ferner ohne diesen
des großen Jägers hochgespannte Ziele?
Es gab ihm einen Ruck, ihm war als fiele
er unter Niesen rücklings auf die Diele,

als ob den riesig gelben Löwen jag er,
der flach gebreitet liegt vorm Ruhelager,
wo er dem fallend Fett die Statt frei hält,
wenn's Jagdglück lallend aus der Bettstatt fällt

Es war wie oft im Leben nur ein Traum,
stellt Nimrod auf dem Löwen reitend fest,
reibt sich den wehen Steiß und weiß,
der gute Arko schnarcht im Nebenraum.

Nimrod bleibt weiter nur die Frage,
ob er hinfort den Leu zum Jagen trage,
als wetterfesten Schutz für kalter Tage
droh'nde Erkältnis. Und unser Heger hält

als Wehr nicht länger fest jenes Behältnis
für Wasser, das man nächtens läßt.
Hund Arko knurrt und grunzt und jault auf frech,
der alte Jäger schneuzt sich das Gebrech.

Kommen wir endlich zu den Inhalten. In den meisten Gedichten dreht es sich natürlich um den erlauchtesten Gegenstand, es geht in irgendeiner Form um die Liebe. Da gibt es die überschäumenden Liebesgedichte der taufrisch Verliebten, die Gedichte der Liebessehnsucht, Gedichte der erfüllten und die Gedichte der unerfüllten Liebe, um es einmal so grob zu unterteilen.

Das erste Viertel ist das schwerste. Wer bisher so gut beraten war, keine Gedichte selbst zu schreiben, findet dafür plötzlich Gründe genug im brennenden Herzen, wenn er unabweisbar

feststellen muß: Ich bin verliebt. Diese alles verändernde Diagnose verlangt vor allem eins: Sie muß unbedingt bekannt gemacht werden. Wer es bei einigen Telefonaten im Freundes- und Bekanntenkreis beläßt, ist noch gut dran. Es scheint jedoch bestürzend vielen Menschen, hoffnungsvollen jungen Männern zumal, nichts anderes angemessen als ein Ausdruck in lyrischer Form.
Hier kann man nur warnen! Die Pein unerhört brennender Liebe ist nichts gegen die Peinlichkeit, die einen unerbeten zum Mitwisser werdenden ankommt bei solchen Herzensergüssen. Es ist, außer dem hoffentlich geneigten Ohr des sinnverwirrenden Wesens, niemand geneigt, solche Poeme zur Kenntnis zu nehmen. Man kann, so man es versucht, im Gegenteil bei fast jedem Vortrag eines Liebesgedichts allergische Reaktionen bei der Zuhörerschaft feststellen. Es beginnt gewöhnlich mit merklichem Zucken der Mundwinkel, einer zusehends verkrampfenden Haltung, steigert sich zu ruckartigen Bewegungen des Oberkörpers unter gleichzeitiger Hervorbringung glucksender Laute und endet nicht selten schenkelklopfend und mit feuchten Augen.
Kein Wunder, wenn der solchen Tumult Auslösende leicht vor Schrecken erbleicht. Deswegen meine dringende Mahnung: Schreiben Sie keine Liebesgedichte. Und wenn Sie es nicht lassen können, verbrennen Sie sie sogleich. Falls Sie das nicht über's Herz bringen, schicken Sie sie unter keinen Umständen ab! In wer weiß wie vielen Komödien kommen Liebesgedichte vor, werden verlegt oder abgefangen, geraten jedenfalls in falsche Hände die Brieflein, werden erbrochen, stirnrunzelnd gelesen und unter Gelächter zum besten gegeben. Und was tut das Publikum? Es rast!
Wenn Sie unbedingt Liebesgedichte schreiben müssen, lernen Sie sie auswendig und bewahren Sie die Seiten nicht auf. Auch nicht im Geheimfach Ihres Sekretärs; Sie ahnen nicht, woher der Ausdruck 'lachende Erben' kommt. Liebesgedichte sind wirklich nur dazu geeignet, ins Ohr geflüstert zu werden und nur ins eine Ohr, nicht einmal mehr in das andere.

Wenn das aber nicht möglich ist, die Geliebte fern und der so sehr Verehrte unerreichbar? In diesem Falle, ich gebe es zu, weiß ich mir auch keinen Rat mehr. In diesem Falle hilft nicht nur kalt duschen nicht, es hilft nicht einmal Bibellektüre. Wer Trost suchend im Buch der Bücher blättert, kommt unweigerlich auch hier an das Hohe Lied der Liebe und wird sich schwer atmend kaum wieder abwenden können. Hier findet sich alles, was ein Liebesgedicht ausmacht: die Lobpreisungen, unübertreffliche Vergleiche der Einzigartigen mit dem Unvergleichlichen und die gewagtesten Metaphern.

Siehe, meine Freundin, du bist schön!
Schön bist du! Deine Augen sind wie
Taubenaugen zwischen deinen Zöpfen.

Dein Haar ist wie eine Herde Ziegen, die
gelagert sind am Berge Gilead herab.
Deine Zähne sind wie eine Herde Schafe mit
geschorner Wolle, die aus der Schwemme kommen.

Deine Lippen sind wie eine scharlachfarbene
Schnur, und deine Rede lieblich.
Deine Wangen sind wie der Ritz am
Granatapfel zwischen deinen Zöpfen

So ist sie und nicht anders, was wäre nicht zu rühmen an ihr.

Wie schön ist dein Gang in den Schuhen,
du Fürstentochter! Deine Lenden stehen
gleich aneinander wie zwei Spangen,
die des Meisters Hand gemacht hat.

Dein Schoß ist wie ein runder Becher,
dem nimmer Getränk mangelt.
Dein Leib ist wie ein Weizenhaufen,
umsteckt mit Rosen.

Dein Hals ist wie ein elfenbeinerner Turm,
deine zwei Brüste sind wie zwei junge Rehzwillinge.

Woran hatten Sie denn gedacht? Irgend etwas zwischen Tennisbällen und Kürbissen wahrscheinlich. Sie sehen es hoffentlich jetzt ein, Liebesgedichte sind mehr als gewagt, sie sind verwegen; selbst dieses gerühmte und rühmenswerte Beispiel sollten Sie nicht nachbauen.
Auch für die Gedichte der zweiten Kategorie, die Liebessehnsucht, findet sich hier schon ein Beleg:

> *Dein Wuchs ist hoch wie ein Palmbaum.*
> *Ich muß auf den Palmbaum steigen,*
> *und seine Zweige ergreifen. Laß deine*
> *Brüste sein wie Trauben am Weinstock.*

Wollen Sie das etwa besser machen? Schwer! Oder dezenter? Schwer, schwer!!
Was dachten Sie, warum Frauen Männer küssen, nicht immer gern, aber oft ausdauernd? Damit sie nicht auch noch unverständig reden, während sie tun, was sie tun. Wenn Sie, lieber Herr, nun daraus schließen sollten, Gedichte der Liebessehnsucht vorzutragen, sei ein Mittel, Küsse zu ernten, so muß ich Sie warnen. Küsse sind nur bei schon vorhandener großer Nähe ein Mittel der Notwehr, bei auch nur geringer seelischer Entfernung setzt es Ohrfeigen. Also bringen Sie Ihre Liebessehnsucht in der Urform aller Liebeslyrik zu Gehör, in einem von Herzen kommenden Seufzer: Ach, jaaaah! Auf: "Geht es dir nicht gut?" - Fragen sind weiblich - beginnt das Spiel mit: "wenn du wüßtest!" Liebe ist auch nur ein Gegenstand alltäglicher Nachfrage.
Gibt es denn nicht auch lesbare Liebesgedichte, unkomisch gelungene, die, ohne Peinlichkeit zu erregen, gedruckt werden können? Ja, die gibt es, aber sie werden Ihnen kaum gelingen.

> *Ich habe dich so lieb!*
> *Ich würde dir ohne Bedenken*
> *Eine Kachel aus meinem Ofen*
> *Schenken.*

Man ist gerührt und muß doch zugleich bemerken, wie unpraktisch Liebesgedichte sind. Der umsichtige Liebhaber

würde die Kachel im Ofen lassen und kräftig einheizen, um dann vor dem mollig strahlenden Kachelofen, auf dem Eisbärenfell vielleicht ... aber das gehört in die vierte Kategorie: Gedichte erfüllter Liebe.
Kommen wir vorher schnell zur dritten Kategorie, zur unerfüllten Liebe, die eben darum so ausdauernd besungen werden kann. Eine ganze höfische Kultur bildete sich um den Minnesang. Männliche Wettbewerber suchten sich zu überbieten im Lobpreis der erwählten hêren frouwe, deren schoene, milte und triuwe himmelhoch erhaben war über alles irdische Erproben. Sie wollen sicher nicht der Ritter der hohen Minne sein, falls doch, werden Sie wohl die Erfahrung machen müssen, daß den meisten Frauen an dieser Überhöhung nichts liegt. Sie möchten so allzu leicht als unzeitgemäßer Nachfahr Hadamar von Labers erscheinen und im weiten Reich zwischen herze und lîp als fahrnder Gesell auf ewig irren.
Die Herren Minnesänger wurden bei der Ausübung ihrer Kunst keineswegs zu Keuschhanseln, hatten sie doch die Hohe von der niederen Minne so weit getrennt, daß die eine der anderen nicht im Wege war. Großmeister Walther läßt sich höchstselbst auf das gewöhnliche Heidekraut herab, tandaradei, um der niederen Minne zu pflegen. Er läßt uns in einem Gedicht die näheren Umstände wissen, den Ort

> *Under der linden*
> *an der heide,*
> *dâ unser zweier bette was,*

legt es aber aparterweise einem Jungfräulein in den Mund, sich selber preisen zu lassen:

> *dâ wart ich enpfangen,*
> *daz ich bin saelic iemer mê.*
> *kuster mich? wol tûsentstunt:*
> *tandaradei,*
> *seht wie rôt mir ist der munt.*

Tandaradei, es blieb nicht bei 'ner Tändelei.

> *Daz er bî mir laege,*
> *wessez iemen*
> *(nu enwelle got!) sô schamt ich mich.*
> *wes er mit mir pflaege,*
> *niemer niemen*
> *bevinde daz, wan er unt ich,*
> *und ein kleinez vogellîn:*
> *tandaradei,*
> *daz mac wol getriuwe sîn.*

Wenn es sich bei dem Vogel nicht gerade um einen Papagei handeln sollte, kann man es annehmen. Nur warum erzählt sie es uns?
Wir sind jedenfalls endlich bei der Wuncherfüllung angekommen. Nicht der gelinde Wahn frischer Verliebtheit, nicht jenes fruchtlose Schmachten und nicht der hehre Verzicht auf die Näherungswerte der Körper, sind das Feld der Lyrik – der Liebesalltag ist es. Diese Folge von Handlungen und Emotionen, Zuwendung und Abwehr, Einfühlung und Abweisung, Trennung und Wiederkehr; dieses Gelingen und Fehlgehen samt dem wohlbekannten auf und ab der Personen sind unser Stoff. Was wären die klassischen Tragödien ohne die herzzerreißend fehlschlagenden Liebesversuche ihrer Protagonisten – größtenteils nicht vorhanden!
Wo kämen wir denn hin in den Theatern ohne die tragischen Stoffe fehlgegangener Liebeswahl - ins Lustspiel! Was wäre aus Romeo und Julia geworden ohne die dramatische Verkettung von Umständen? Ein allmählich verfettendes Paar durch und durch wohlmeinender Konsumenten, das mit seinem Dackel abends Laterne geht und freundlich die Nachbarn grüßt. Nichts Tragisches also sondern Leute wie wir! Doch es hat nicht sollen sein. Statt einer jahrzehntelangen Komödie, die als Ehe überall auf dem Spielplan steht, kommt es zu so einer Tragödie. Und warum das alles? Weil die jungen Menschen im Biologieunterricht nicht genügend aufgepaßt haben.

Ein wenig mehr Kenntnisse in Ornithologie, und sie hätten leicht das bewegende Dudödeliüü der Nachtigall vom oberflächlich geschwätzigen, unablässigen Tirilieren der Lerche unterscheiden können.

Häufiger, Gott sei Dank, als die schwarze Trauer blutiger Tragödien ist die Liebesmelancholie, die vorübergehende Verdüsterung der Seele wegen stattgehabten Verlassenwordenseins. Der sogenannte Liebeskummer ist an und für sich genommen noch kein hinreichender Grund zu andauernder Trübsalbläserei, stellt er doch, wie die Erfahrung lehrt, meist nur die bitter notwendige Erholungsphase zwischen zwei Beziehungen dar. Schon Wilhelm Busch rät freundschaftlich:

Wem vielleicht sein altes Hannchen
irgendwie abhanden kam,
nur getrost, es gab schon manchen,
der ein neues Hannchen nahm.

Bei uns sind solche Liebschaftsenden darum weit weniger dramatisch, wenn auch durchaus schmerzhaft genug. Wenn Robert die Luise hat verlassen, wer auch immer wen, wenn Babette im heulenden Elend sitzt und Roger mit verschatteten Augen den Blick nicht vom Briefkasten wenden kann, weil seine Melanie seit Wochen nicht geschrieben hat, dann haben sich unsere Freunde einen aufmunternden Dreizeiler verdient.

Liebeskummer, benigne Melanie,
ja einer ist immer ein Dummer,
aber der andere nie!

Schon war unsere häusliche Schreibecke wieder für etwas gut. Für das Gegenteil von Liebeskummer, für ein sogenanntes freudiges Ereignis, dürfte schon ein Zweizeiler genügen. Wenn wir ihn ein wenig familiär abfassen oder im gemütlichen heimischen Idiom, wird er leicht mehr als nur den guten Willen verraten.

Nun sei bedankt mein lieber Storsch
für unsern lieben kleinen Schorsch!

Ein Tierreim wie hier, aber auch Blumenreime sind gewöhnlich nicht anstößig und werden allgemein gern genommen. Es

reimt sich Dieter auf Brummbär, Max auf Dachs, Gerd auf Pferd, Irene auf Silene, Kathrin auf Jasmin und Josefin auf Rosmarin. Den Rest können Sie inzwischen selber.
Gedichte über die Liebe müssen keineswegs weltfremd und abgehoben sein. Im nächsten Beispiel findet der Autor einen einträglichen Weg von der Gegensätzlichkeit der Geschlechter zur vornehmen Andeutung der Freuden ihrer Überwindung.

Was dem einen fehlt, das findet
In dem Andern sich bereit;
Wo sich Mann und Weib verbindet
Keimen Glück und Seligkeit.

Die schickliche Zurückhaltung in der Darstellung dürfte wohlgezielt gewesen sein auf das tiefere Interesse der züchtigen Hausfrau, die sicher auch gelesen hat: Wo sich Mann und Weib verbinden. Tatsächlich verbindet sie wohl lieber sich die Augen vor tieferen Einblicken in die Abgründe der Geschlechtlichkeit und dürfte so leichter hinweggekommen sein über die Zumutungen der zweiten Strophe.

Alles Wohl beruht auf Paarung
Wie dem Leben Poesie
Fehle Maggis Suppennahrung
Maggis Speisewürze nie!

Gefehlt hat hier Frank Wedekind - wer wollte ihm einen Vorwurf daraus machen - der den Werbetexter abgeben mußte, solange ihm den literarischen Autor kaum einer abnahm und angemessen vergalt. Er entdeckte über den genügend schicklich und hinreichend offen versteckten Kopulationstip die Direktverbindung von industrieller Suppenküche und Einkaufszettel. Kein Wunder, wenn er es nach Feierabend nicht bei Extrakten belassen wollte und sich intensiver mit dem Fleisch befaßte. Er erträumte, sich und uns zur Freude, *LULU* und *FRÜHLINGSERWACHEN*. Seine Stücke haben zur damaligen Zeit viel zum besseren Verständnis des Unsagbaren oder auch nur Unaussprechlichen beigetragen.
Am innigen Verständnis fehlt es ja leider häufig, und schuld

daran ist bisweilen ein falsches Selbstverständnis der handelnden Personen. Sie erinnern sich noch an den Zweizeiler: Eine Frau ohne Mann ist wie ein Fisch ohne Fahrrad. Wir wollen dazu endlich einmal ein Fahrrad zu Wort kommen lassen.

FAHRRADMONOLOG

*„Wer braucht fliegende Fische,
ist nicht eine Ordnung der Welt,
die darauf hält, daß nichts
die Unterschiede verwische?"*

„Komm schon und halt die Klapp!"

*„Wer so die Möglichkeiten verschwendet
diverser Reiche, erfände noch
tauchende Vögel am Ende..."*

„Ja, die gibt's doch!"

*„Singfrosch und Blindschleiche, Faultier und Zweikomponenten-
uhu, Großtrappe und Winker-
krabbe, Brückenechse
und Sumpfhuhn,
Leierschwanz
und Wald-
rapp..."*

*„Nun leg dich schon auf den Rücken
und nachher wasch ab!"*

Nach dem fischig, bicycletten Hin und Her, nach all dem blutleeren Flehen um Erhörung als Vorspeise, wollen wir nun in unerhörter Weise zum Hauptgericht kommen. Lassen wir die Poesie konkret werden in unserem eigens dafür geschriebenen Liebesgedicht. Sollten Sie jetzt, nach abschreckenden Erfahrungen anderswo, einen tiefen Fall in die angewandte Pornographie fürchten, so kann ich Sie beruhigen. Wir werden uns nicht in Hurenbeschreibungen verirren – manche

Autoren betreiben eine derartige poetische Zuchtlosigkeit geradezu erwerbsmäßig, das ist längst unter unserem Niveau. Die in Zeilen gereihte oder noch gereimte Ansammlung von four-letter-words jagt doch keinen Hund mehr hinter den Ofen; im Deutschen handelt es sich bei diesen Vokabeln übrigens um six-letter-words . . . nicht wahr? Wir sind um die Hälfte umständlicher, jedenfalls im Sprachgebrauch.

Aber ist die müßige Anspielung erlaubt bei einem so heiklen Gegenstand, darf man aus Betten und Büschen hervorzerren, was sich hinter dicht geschlossenen Augendeckeln sich selber verbirgt? Not durft schon immer, Können darf's erst recht! Schaudernd erinnert sich der Autor an erschreckend komische Filme seiner Jugendzeit, in denen die Nacktheit sich die Blöße gab, streng unter dem Siegel der Aufklärung, die Leinwand zu erobern. Die eine Hälfte des Filmpersonals saß oder stand in weißen Kitteln dozierend herum, wahrend die andere Hälfte – bar und bloß – sich hüftsteif illustrierend bewegte dazu. Die unaufgeklärten Massen rutschten in ihren Kinosesseln herum, verglichen Schamhaar mit Schamhaar und gingen, als endlich das Licht anging, mit gesenkten Köpfen davon, aufklärungsbedürftiger als zuvor.

Zur Beruhigung noch des empfindlichsten Gemütes hat der Autor in unauffälliger Weise die Warnung des Bundesgesundheitsministers mit eingearbeitet in sein Poem. (Rettet die Liebe. Stoppt Aids. Kondome schützen.) Dies ist also auch ein Werk der Aufklärung!

Nun aber ran an den Speck, an die anstandslos im Anspielungsreich der Worte sich zierende Dichtung, die der Leser sich – Kreuzworträtsel noch einmal – selber ausfüllt. Ein veritables blau Blümchen der Poeterey, gepflückt und deftig vorbereitet vom Autor; schämen müßte sich, wenn er denn partout muß, der es zusammenliest schon selber.

Blau Blümchen

gern zu einem techtel
mechtel zieht's ihn gen
italien, warum in die
ferne schweifen, wenn
die blümlein nahe stehn,
heili gemächte, gut geh's geschlechte!
komm holder wahn,
füllest wieder hohle bahn,
was eros tat, war wohlgetan,
     sieh, sie
möchte sich noch so charmant,
amant der lust erwehren,
o du, gamanderehrenpreis,
heißest die freude, sich zu mehren,
die tönend zu vergehen weiß,

„da wird ein wohl im weh, so süß und bang",

„la rauschen, lieb, la rauschen,
 ich acht nit wie es geh",

errecktschon lang,
wo's ihm die kunnigunde,
die finger nach entzücklika,
und pedi küren, mani kosen,
öffnen blüten blätternd rosen,
aus einem munde ooh und aah;

<u>*wie lästich ist und doch wie unterläßlich nicht*</u>
<u>*daß man prälimina abrollend unterbricht!*</u>

zeitweilig selbander, zweiteilig expander
findet zunander was zusammengehört,
jetzt störet jedes weit're wort,
drum kehren wir uns ab und fort,
bevor der kondomit
sich an uns wendet mit:
sach ma wo hindemith.

Nach so viel Liebeserfüllung im Gedicht nun zu einer weniger erfreulichen Erscheinung. Nicht alle Teilnehmer am Liebesreigen sind so zuverlässig und ehrbar, wie wir es uns wünschen.
Wohl jeder von uns – und mehr noch jede – hat im Bekanntenkreis einen famosen Gecken oder Stutzer, der vermeint, die ganze Welt, insbesondere die Damenwelt, drehe sich nur um ihn. Diese bedauernswerten jungen und oft gar nicht mehr so jungen Herrn, die einen Großteil ihrer Zeit auf äußerliches Gepränge verwenden, anstatt einer guten, sinnerfüllten Tätigkeit nachzugehen, sollten einmal im Spiegel der Dichtkunst sich begegnen, um das Armselige ihres Tuns zu erkennen und sich einer besseren Verwendung ihrer Zeit zu befleißigen. Wir wollen ihnen dazu verhelfen und sie ein wenig lyrisch am Ohr zupfen. Was wäre für eine solche sanfte Vermahnung besser geeignet als – nun Sie ahnen es vielleicht schon: das Sonett.
Jedoch, wie immer, der Anfang ist schwer; wie, auch hier wieder, angemessen beginnen? Wir wollen es mit der Zufallsmethode probieren, die uns auch weiterhin von großem Nutzen sein wird.
Wir nehmen bei der Zufallsmethode – wie der Name schon sagt – ein Wort, einen Begriff, ein Wortspiel, ja selbst eine Silbe, einen Laut nur, was uns eben so zufällt und innerlich oder äußerlich berührt hat. Auch ein sogenannter Ohrwurm, Texte und Bruchstücke von Liedern und Scherzen, was immer sich im Kopfe dreht, ist geeignet. Entscheidend ist es, das Material nicht aus der Hand zu lassen, bis es sich endlich fügen und reimen will. Wenn sich so gar kein Reim einstellen sollte, reimen Sie ein Wort auf sich selber; Sie müssen so nur eine zweite sinnvolle Verwendung finden. Es ist oft so viel leichter geschrieben als gedacht. Sie sollten aber bei einem einmal gefundenen Wort, bei einer Silbe bleiben und nicht vorzeitig aufgeben; nur so wird sich ihre Reimkunst harmonisch entwickeln. Reimen Sie, reimen Sie! Erfinden Sie klangliche Konkordanzen, Binnenreime und Assonanzen

(also derart etwa) und falls nötig, erbringen gänzlich neue Wörter einen ganz ungeahnten Sinn.
Wie gehen Sie nun praktisch vor, wenn Ihnen noch nichts im Kopfe schwirrt? Gehen Sie vor an Ihre Bücherwand und ziehen Sie heraus: einen Lexikonband oder ein etymologisches Wörterbuch, ein Rechtschreib- oder Fremdwörterbuch.
Ein etymologisches Wörterbuch ist sehr geeignet, weil es wenig logisch, dafür umso erfindungsreicher ist. Fahren Sie mit dem Finger im ausgewählten Bande herum, gern auch mit geschlossenen Augen, und lassen Sie sich von einem der Meister im Geiste ein entschlossenes: Halt! zurufen. Sehen Sie nach, und notieren Sie den Fingerzeig. Sollten Sie sich mit Ihrem Fund, was besonders anfangs noch vorkommen mag, wider Erwarten unwohl fühlen, so dürfen Sie das Verfahren wiederholen, jedoch allenfalls zwei bis dreimal.
Dann schauen Sie sich die höchstens vier herausgepickten Buchstabenverbindungen an. Wenn Ihnen noch immer keine davon ins Auge springen sollte, gehen Sie abschließend nach einem Verfahren vor, das Sie aus Schule und Studium oder aus Kindertagen kennen: wählen Sie multipel scheußlich.
Zählen Sie ab: Ene, mene, mu und raus bist du, raus bist du noch lange nicht, mußt erst sagen wie alt du bist, eins, zwei, drei, vier, fünf, sechs, sieben und so weiter bis Sie Ihr Lebensalter erreicht haben. Jetzt haben Sie Ihre endgültige Wahl getroffen. Um das gesuchte und nach diesem Verfahren todsicher aufgefundene Wort klar hervortreten zu lassen, sollten Sie bis auf Zutreffendes, das Wort unter Ihrem Zeigefinger, alles Überflüssige streichen. Das habe ich auch getan, und es bleibt bei mir, Moment, wir wollen mal schauen, aus den letzten Wörtern 'Zutreffendes' stehen.
Das ist nun keine leichte Aufgabe. Zutreffendes, Zutreffendes... das ist schwer, sehr schwer... es trifft einen manchmal aber auch zu und zu hart... zu Treffendes! Ein zu Treffendes, ja, das ist's, die ewige Aufgabe der Dichtkunst, das rechte Wort zu treffen. Nicht: Sag es treffender, das ist die Sache der Sachbearbeiter und Schriftführer, nein, sag das

rechte Wort, triff. – – – Gemacht!
Nun brauchen wir noch einen Titel – einen Gecken oder Stutzer wollten wir narren, den ewigen Stenz, wie nennt man ihn heute... einen Macho. So soll es lauten: Sonett an Macho. Der Titel, wiewohl nach dem Usus gebildet, klingt heutzutage arg nach Speisekartenlyrik, in der sich dilettierende Köche in außerkulinarischen Kulturversuchen an ihren Gästen vergehen. "Stockfisch an Preiselbeersahne. Komm mal rüber, mir ist so trocken." Stop den allzu dichterischen Köchen möchte man sagen, wäre diese Allzweckformulierung nicht grad genauso schief, ein Hau dem Lukas und ein Hoch den Tassen. Doch von banausischen Übergriffen wollen wir uns an der regelgerechten Ausübung der Kunst nicht hindern lassen, ce poème s'adresse à macho, hier nun das Gedicht.

> SONETT AN MACHO
>
> *Erwart'st ein Fräulein, ein zu treffendes?*
> *Du harrest leider oft vergebens,*
> *sie trifft nicht ein, denn ein betreffendes*
> *Bedürfnis ward ihr nicht gegeben. S'*
>
> *ist schon ein Kreuz mit diesen Damen,*
> *bevor du sie noch drauf gelegt,*
> *hoffend sie kämen, nun... und...sie kamen?*
> *Vergebens haben sie dich bewegt!*
>
> *Geh deiner Wege und meide die ihren,*
> *suche der Männer Freundschaft indessen,*
> *geh ins Wirtshaus, spiel Skat, lern triumvirn.*
>
> *Auf zum Souper, sauf, geh dinieren,*
> *laß laufen Lethe, schenk ein, schenk Vergessen,*
> *vergebliche Liebesmüh geht an die Nieren!*

Es wollen die Menschen nicht nur aus den bekannnten Gründen und auf die wohlbekannte Weise lieben und geliebt sein, manche haben ein besonderes Bedürfnis geliebt zu werden: auf einzigartige Weise, öffentlich, unüberhörbar und von ausnahmslos allen. Wie man sich denken kann, handelt es sich dabei um Leute, die es nötig haben. Nicht, daß sie keiner liebte, manche liebten und lieben sie glühend - die Diktatoren aller Couleur. Doch die hatten stets Gründe genug, das Gegenteil zu fürchten; sie setzten auf Unterwerfung und legten den Untertanen nahe die vorbeugende Huldigung.

Mit der Macht des obersten Staatssicherers in der großen Täterä war es für alle sichtbar vorbei, als er ratlos Schild und Schwert fahren ließ und sich andiente - nu bloß wem? - mit den Worten: Ich liebe doch alle! Das Gelächter bedeutete ihm: abtreten, setzen! Er saß dann ja nicht lange. Die diktatorische Art, Liebe zu fordern, verwechselt die resignative Aufgabe des Widerstands mit Hingabe, massenhafte, tiefe Verneigung mit tiefer Verehrung durch die Massen. Natürlich war das auch von den Dichtern gefordert, und es wäre unbillig, wenn man selber glücklicherweise frei ist von dieser Zumutung, pauschal zu urteilen.

Ein Großteil der Lobreden, besonders in lang lastenden Einmanndiktaturen wie in Rumänien, war derart weit von der Wirklichkeit entfernt, daß, möglicherweise mit Ausnahme der Gerühmten selbst, niemand mehr auch nur eine Zeile abnahm. 'Du Führer aller Führer, Vater des Volkes, Wegbereiter der Zukunft, Leuchte der Wissenschaft, Erster in den Künsten, einzigartiger Denker, Meister und Gestalter des Vaterlands, Geschenk des Himmels, Du Hoffnung der Welt!' das hieß kurz gesagt: du Arschloch! Mit Lobhudeleien dieser Art, brauchen wir uns kaum zu befassen.

Auch die glühenden Hymnen der unbegabten Lyriker, die den Mangel an Talent mit Unbedenklichkeit wettmachen, gehen uns wenig an. Der gereimte Kotau an sich, aus vollem oder aus leerem Herzen, interessiert uns herzlich wenig. Interessant ist für uns nur die Frage: Warum gehen solche Elogen grundsätzlich daneben? Warum bewegen sich diese Hymnen auf große Vorsitzende oder Führer, angebliche Denker und Lenker, regelmäßig zwischen Groteske und Aberwitz und dies auch bei Autoren, die ihre Mittel ansonsten beherrschen?

Es liegt offenbar in der Sache selbst; das Mittel der Überhöhung erzeugt unweigerlich den falschen Ton. Der Mann der, von der Arbeit heimkehrend, seine Frau begrüßte mit: Komm Angetraute, du einzige unter den Weibern, nähere dich sanft und gib mir den Heimkehrkuß . . ., der bekäme wohl noch einen freundlichen Klaps dazu. Sollte er aber nicht aufhören so zu reden, bekäme er eher einen Platz in der Klapsmühle.
Der lobhudelnde Autor ist gewissermaßen schon dort; er ist von allen guten Geistern verlassen, was ihn gewöhnlich dazu bringt, sie umso emsiger zu beschwören. Wir wollen uns das einmal näher anschauen. Um nicht den Verdacht aufkommen zu lassen, hier würde versucht, mit zweitklassigen Texten wenig begabter Autoren mangelnde Qualität nur vorzutäuschen, habe ich mir die quasi offizielle Anthologie: Lyrik der DDR, erschienen 1976, herausgesucht. Die Herausgeber Uwe Berger und Günther Deicke hatten sich mit ihrer Sammlung viel vorgenommen, denn: ‚Auch das Schöne eines Gedichts ist nur schön, wenn es zugleich wahr und gut ist, das heißt zur Verwirklichung des historisch Notwendigen beiträgt.'
Die Sammlung des Schönen, Wahren und Guten beginnt mit Johannes R. Becher und unsere kleine Sammlung darum auch. In seinem Gedicht 'Das Atelier' zeichnet Becher in achtundvierzig Strophen seinen Weg auf von München Schwabing vor dem ersten Weltkrieg nach Berlin/Hauptstadt der DDR nach dem zweiten. Zum tragenden Subjekt im Wandel der Zeiten macht er seinen Arbeitstisch. 'Ein langer Holztisch - Tisch-Unendlichkeit' das ist der Platz, an dem der Autor sitzt und von selbstheftenden Zwecken und haftenden Versen träumt.

Reißnägel heften Noten an die Wand,
die Verse haften so in mir noch fester.

Das ist auch nötig, wenn man zu gleicher Zeit mit beiden Händen dirigiert.

Ein Strophen-Chor schwebt unter meiner Hand.
Ich dirgier das große Vers-Orchester.

Es folgt eine lange Aufzählung, deren Sinn sich dem Leser

nicht erschließt, darin
> *Von Drogen trunken, Gift und Gegengift,*
> *Gangräne und Phlegmone und Narkosen,*

Kollege Benn läßt von ferne grüßen,
> *Und eine riesenhafte Überschrift:*
> *"Erobert euch die Welt, ihr Namenlosen!"*

das ist rein erbechert. Weiter geht's:
> *Der schwarze Aufruhr in den Kolonien,*
> *Der Karneval, der Papst, die Guillotine.*
> *Ein Kaisermörder! Bravo, feiert ihn!*
> *Und auch ein Kriegsschiff lief auf eine Mine.*

So etwas geschieht dem Text nicht, der kreist in den nächsten drei Strophen weiter, ohne an irgend etwas zu zünden.
> *Stachus rotierend wie ein Karussell*

auf geht's durch Pinakothek und Weltgeschehen, Schwimmklub "Weiß-Blau" und Großstadtnacht, ins Ötztal, in die Weihnachtsmesse. Man glaubt gerne, daß das alles im Leben des Autors einen Zusammenhang hat, im Gedicht hat es keinen. Fünf Strophen weiter sind wir zurück bei Tische, nun aber in Berlin.
> *Der Holztisch wieder: Weltunendlichkeit,*

ist jetzt stark mitgenommen, einerseits von den Zeiten und andererseits von selbstschneidenden Gräberreihen,
> *Des Tisches Weiß ist rußgeschwärzt von Schloten,*
> *Es schnitten Gräberreihn dem Holz sich ein.*

Doch die Wende ist nahe, nur ein wenig aufgezählt noch:
> *Die Wechselstuben und der Kriegsgewinn,*
> *Die Inflation, das Paradies der Schieber.*
> *Und eine neue Welt im Anbeginn,*
> *Und das Gedicht erglühte wie im Fieber.*

Kollege Benn, Chinin! Im Anbeginn war ja das Wort, doch das Wort, das fieberglühend an der Wand stand, erzählte es uns nicht anderes als das Märchen vom Tischlein deck dich, Esel streck dich?
> *Da spür ich, wie der Tisch sich biegen muß*

Und Wellen wirft, und er befiehlt zu dichten
Die große Hymne mir auf Spartakus,
Von neuen Helden gilt es zu berichten.
Uns ist in alten maeren wunders vil geseit, von helden lobebaeren, von großer arebeit, aber von solchen Lobebären hörten wir nie.
Und Lenins Name glühte an der Wand.
Er las mir seinen Aufruf vor: "An alle!"
Der Tisch stand auf, als Lenin vor ihm stand,
Und stand mit mir in der Versammlungshalle.
Was für ein Aufstand, die Revolution der Möbel! Der Holztisch wieder: Weltunendlichkeit, hebt jetzt auch noch zu reden an.
Der Tisch fleht: "Gib uns unser täglich Brot!"
Die Antwort war ein Angebot von Phrasen
Die Tbc, die Arme-Leute-Not...
Die Panzerwagen rattern durch die Straßen.
Einundzwanzig Strophen weiter und nach einem weiteren Krieg- - -
Der Holztisch wurde wieder aufgestellt,
Und Unerträgliches brach auf ihn nieder.
 Denn
Kaum, daß ich noch an meinem Tische saß,
Da griff nach Deutschland ich mit meinen Händen,
also gleich wieder mitten hinein in die Weltunendlichkeit,
Als suchte tastend ich nach Wert und Maß,
Um Not zu wenden und den Zwist zu enden.
Doch April, April, er sucht natürlich nach gar nichts, er ist ja Wert und Maß.
Im Osten Macht des Volks, ein neues Wollen,
Ein Reich des Menschen, planvoll und durchdacht,
Im Westen aber krankhaft aufgequollen
Das Alte wieder, Macht der Niedertracht.
Nach dieser Gipfelerkenntnis kehrt der Autor gegen Ende seines Gedichts zu den Anfängen zurück, und da erfüllt ihn
- - - - - - - *Glück unsagbar:*

Ein für allemal, diesen unsäglichen, diesen unaussprechlich blöden Ausdruck benutzen Sie bitte nie und nimmer! Lassen Sie ihn wie eine heiße Kartoffel fallen unter Bechers Tisch, da liegt er gut. Entweder Sie können etwas sagen, dann tun Sie's, oder Sie können es nicht, dann lassen Sie's. Dazwischen ist nichts und das geht so weiter...

> *ich kehr zurück dorthin,*
> *Wo wieder vollgeschrieben sind die Wände.*
> *Am Tisch nimmt Platz Rimbaud und Hölderlin,*
> *Und über Grenzen reichen meine Hände.*
> *Den Freunden dankend. Seht die Strophen reihn*
> *Wie vormals sich. O mögen von den besten*
> *Die oder jene einst gesprochen sein*
> *An unsern hohen brüderlichen Festen.*

Aber sicher, denn nun hebt das Dach sich von dem Haus und die Kulissen rühren,

> *Gestirne über mir, als hätt kein Dach*
> *Das Atelier, und in der Weltallstille*
> *Die Fuge tönt: Johann Sebastian Bach.*

Es muß eine von den Fugen sein, aus denen das ganze ist.

> *Und weiterhin herrscht des Menschen guter Wille.*

Nicht weithin und nicht weiter sondern dem Versfuß trotzend geht es weiter hin, ein wenig Aufzählung noch und name dropping.

> *O Saarow-Strand und Lilly überall,*
> *Und Brecht ist da, und Busch singt Eisler-Lieder,*
> *Bosch und van Gogh, Utrillo und Chagall,*
> *Cranach, die Breughels, und wir sitzen wieder*

Und in diesem atemberaubenden Enjambement, in diesem Loch zwischen den Strophen saßen viele, nicht an des Herrn Tische sondern in Zuchthäusern und Lagern, nicht

> *Um einen Tisch vereint nach alter Sitte.*
> *O Segel-Schweben, o Scharmützelsee!*
> *Und einer, Lenin, sitzt in unsrer Mitte.*
> *Gehäuse meiner Seele, Atelier.*

Ach, Tischlein setz dich und schweig still.

So werden Gedichte komponiert um den Ortsheiligen herum, in denen Zeichen und Wunder geschehen, ein Tisch steht auf und fleht nach Brot, die Flammenschrift an der Wand bedeutet nicht meneh tekel u pharsin sondern ene, mene, mu, Lenin kommt und raus bist du - zumindest für einige Zeit aus dem Schneider. Die Verehrung von sakroSankt Lenin war für den Dichter der Partei ein unfehlbares Konzept, der hohe Verehrungszweck heiligt die unvollkommenen Mittel, und Sacrificium intellectus zugleich. Das Ergebnis: Blätter für die Idolatrine. Wie schrieb Logau für solche Fälle?
Was du, tichter, hast geschrieben, ist gewiß sehr gut gewesen.
Weil die Leute deine Schriften mit entblößtem Rücken lesen.
Mußte man sich denn, zum Lob der Herrschaft herausgefordert, immer darum bemühen, außerordentlich gut zu schreiben, vorn und hinten gereimt, gar in Stanzen und Sonetten? Nein, sicher nicht. Es konnte sogar geboten erscheinen, extra schlecht zu schreiben. Warum das?
„Das Talent war damals eine sehr mißliche Begabung, denn es brachte in den Verdacht der Charakterlosigkeit. Die scheelsüchtige Impotenz hatte endlich, nach tausendjährigem Nachgrübeln, ihre große Waffe gefunden, gegen die Übermüten des Genius; sie fand nämlich die Antithese von Talent und Charakter. Es war fast persönlich schmeichelhaft für die große Menge, wenn sie behaupten hörte: die braven Leute seien freilich in der Regel sehr schlechte Musikanten, dafür jedoch seien die guten Musikanten gewöhnlich nichts weniger als brave Leute, die Bravheit aber sei in der Welt die Hauptsache, nicht die Musik. Der leere Kopf pochte jetzt mit Fug auf sein volles Herz, und die Gesinnung war Trumpf. Ich erinnere mich eines damaligen Schriftstellers, der es sich als ein besonderes Verdienst anrechnete, daß er nicht schreiben könne; für seinen hölzernen Stil bekam er einen silbernen Ehrenbecher."
Das schrieb Heinrich Heine in die Vorrede zum Atta Troll, in überzeitlicher Hellsichtigkeit und schon im Jahr 1846. Wie

aktuell waren diese Sätze erst ein Jahrhundert später, nach wiederum tausendjährigem Nachgrübeln! Ob die späteren Empfänger silberner Johannes-ehRen-Becher das gelesen haben? Wir wissen es nicht. Gründlich gelesen hat aber der arme B.B. seinen Atta Troll. Und wem ist es nicht aus dem Herzen gesungen:

Nur der eignen Lust gehorchend,
Galoppierend oder fliegend,
Tummelt sich im Fabelreiche
Mein geliebter Pegasus.

Ist kein nützlich tugendhafter
Karrengaul des Bürgertums,
Noch ein Schlachtpferd der Parteiwut,
Das pathetisch stampft und wiehert!

Nicht auftrumpfen soll das Flügelroß, aber auftreten muß es. Wie einfach das schwer Pathetische gemacht ist, das haben wir gesehen, zur stillen Größe edler Einfalt oder gar zu bewußter, fast biblischer Einfältigkeit, muß einer souverän über seine Mittel verfügen.

Es kann sich sehr empfehlen, einfach zu schreiben, ja einfacher noch, geradezu banal, wenn es sein muß, um nicht zu sagen holperig, mit klappernden Reimen – im sogenannten Volkston.

Wenn man sein Lob abstattet wie eine lästige Pflicht, wie einen Besuch, den man lustlos macht, weil die Konvention es so will, dann vermeidet man leicht und leichten Herzens jeden pathetischen Überschwang. Die neue Zeit soll besungen sein - schön – und zwar so, daß es alle verstehen, – gut – damit wirklich jeder Bescheid weiß. Schön und gut! Dann am besten so wie in alten Zeiten, wie in ganz alten Zeiten:

Als Kaiser Rotbart lobesam
Zum heil'gen Land gezogen kam.

Das sind die Eingangsverse aus Ludwig Uhlands Gedicht *Schwäbische Kunde*, Bertolt Brecht kannte die Ballade sicher. Auch uns Nachgeborenen klingen manche Verse als geflügel-

te Worte in den Ohren.
> *Da mußt' er mit dem frommen Heer*
> *Durch ein Gebirge wüst und leer.*
> *Daselbst erhub sich große Not,*
> *Viel Steine gab's und wenig Brot,*

Haben Sie das nicht schon einmal gehört? Wie groß die Not war, erhellt aus den nächsten beiden Zeilen:
> *Und mancher deutsche Reitersmann*
> *Hat dort den Trunk sich abgethan;*

Wie schrecklich! Da wiegt kaum schwerer:
> *Den Pferden war's so schwach im Magen,*
> *Fast mußt' der Reiter die Mähre tragen.*

Das wäre doch beispielhaft, erschröcklich und im tiefsten Volkston, da sollte sich was Brauchbares finden lassen.
> *Der wackre Schwabe forcht sich nit,*
> *Ging seines Weges Schritt vor Schritt*

Wovor sollte der brave Bayer, Brecht Bert(hold), der auch noch die Prinzennamen Eugen und Friedrich trug, sich da fürchten? Er forcht sich erst recht nit und fand in Uhlands Ballade eine brauchbare Vorlage:
> *Nun war ein Herr aus Schwabenland,*
> *Von hohem Wuchs und starker Hand,*

so ein Zweizeiler sollte doch auch für *Neue Zeiten* noch brauchbar sein! Unter dem Titel findet sich auch dieses Gedicht in der Anthologie *Lyrik der DDR*.

> *Es stand ein Werk am Havelstrand*
> *Da war der Herr der Fabrikant.*
> *Die Havel fließet immer noch*
> *So manches am Strand ist anders jedoch.*
> *Das Werk ist volkseigen.*
> *Der Fabrikant muß schweigen.*

Na bitte, geht doch, auch der Ton ist volkseigen, da muß jeder Kritiker schweigen. Und weil es so gut klang, probierte er dasselbe Muster gleich noch mal.

> *Es lag ein Gut in Pommerland*
> *Da war der Herr ein Herr von Stand.*
> *Die Gerste wächst dort immer noch*
> *Sie kommt jetzt in andre Scheuern jedoch.*
> *Die Erde wurd verteilet.*
> *Der Junker ist enteilet.*

Nach der zweiten Durchführung haben wir das Muster verstanden und fügen in real existierender Demut eine weitere Strophe an.

> *Was einst im Lande war der Herr,*
> *Ist hier nunmehr der Arbeiter,*
> *Er arbeitet zwar immer noch*
> *Jedoch nicht mehr im Junkerjoch.*
> *Der Fluß der fließt ins Meer*
> *Als ob weiter nichts wär.*

Um auch ja den Ton zu treffen, moritaten wir den Rhythmus noch ein schönes, kleines bißchen holpriger werden lassen. Manche Textvorlagen sind wie Ausmalkinderbücher, es braucht nur ein bißchen Farbe für die Leerform, wie in der dritten und letzten Strophe der Brecht'schen *Neuen Zeiten*.

> *Der Stier, er kann nichts Rotes sehn.*
> *Da können wir nichts zu sagen.*

Doch schon, wie wir inzwischen wissen, kann der Stier tatsächlich kein Rot sehen, das farbenblinde Tier. Er wird halt das ewige Fahnengeschwenke nicht leiden können; das können wir umso besser verstehen.

> *Die roten Fahnen werden wehn.*
> *Er wird's schon müssen ertragen.*
> *Das Rad der Zeit – zum Glücke*
> *Dreht es sich nicht zurücke.*

Ist damit nicht alles gesagt? Na, und wie! Und genauso wie verlangt. Also auf's Rad der Zeit geschwungen und zurücke zu unserem vorbildgebenden Gemütsdichter Uhland, wie

geht's denn aus mit der schwäbischen Kunde? Wir erinnern uns, unser Held war auf dem Kreuzzug unter Barbarossa lobesam in einem Gebirge wüst und leer, da sprengten plötzlich in die Quer fünfzig türkische Reiter daher. Die huben an auf ihn zu schießen, nach ihm zu werfen mit den Spießen. Der wackre Schwabe forcht sich nit, ging seines Weges Schritt vor Schritt, ließ sich den Schild mit Pfeilen spicken und thät nur spöttlich um sich blicken, bis einer dem die Zeit zu lang, auf ihn den krummen Säbel schwang.
Und nun geht unserem gemütlichen, schwäbisch-vaterländischen Dichter der Pegasus durch, ihm schwillt der patriotische Kamm, die Zornesader platzt und liefert das bekannte Herzblut, mit dem der aufrechte teutsche Dichter am liebsten drauflosschreibt. Moderner ausgedrückt: der gute Ludwig Uhland hat einen Gegenstand gefunden, schön historisch entlegen, an dem seine verdeckte Wut sich entzünden darf. Und ein hinreichend fremdes, verachtenswertes Gegenüber malt er sich aus, um es in schwelgerisch zerstörender Phantasie in Stücke zu hauen.

> *Da wallt dem Deutschen auch sein Blut*
> *Er trifft des Türken Pferd so gut,*
> *Er haut ihm ab mit e i n e m Streich*
> *Die beiden Vorderfüß' zugleich.*
> *Als er das Tier zu Fall gebracht,*
> *Da faßt er erst sein Schwert mit Macht,*
> *Er schwingt es auf des Reiters Kopf*
> *Haut durch bis auf den Sattelknopf,*
> *Haut auch den Sattel noch zu Stücken*
> *Und tief noch in des Pferdes Rücken;*
> *Zur Rechten sieht man wie zur Linken*
> *Einen halben Türken herniedersinken.*

Wer Fremdenhaß nur in kahlen Hohlköpfen sucht, hat womöglich in seinem eigenen Kopf nicht nachgeschaut. Ausländerhaß und Antisemitismus haben eine lange - auch literarische Geschichte in Deutschland. Sie ist uns so nah wie die

eigene Haut.
> *Und jedem ist's, als würd ihm mitten*
> *Durch Kopf und Leib hindurchgeschnitten*

Doch eben nicht jedem:
> *Drauf kam des Wegs 'ne Christenschar,*
> *Die auch zurückgeblieben war;* sic!
> *Die sahen nun mit gutem Bedacht,*
> *Was Arbeit unser Held gemacht.*

Und sie brachten die Nachricht vor den Kaiser, der fragt den Ritter wert, wer ihn solche Streich gelehrt? Der Held bedacht sich nicht zu lang: ‚Die Streiche sind bei uns im Schwang; Sie sind bekannt im ganzen Reiche, man nennt sie halt nur Schwabenstreiche'.

Dieses Heldenlied haben bis ins zwölf Jahre währende tausendjährige Reich Generationen von Schulkindern auswendig gelernt. Es kann niemanden wundern, daß es noch immer Leute gibt, die Terror und Gewalt für eine Art Bubenstreiche halten. Es darf aber auch nicht übersehen werden, daß die Literatur und daß die Literaten ihren Anteil hatten an diesem Haß. Dabei wollen wir uns das fürchterlich vaterländisch bramarbasierende Zeug gar nicht anschauen, das in ganzen Bergen in der deutschen Literaturlandschaft herumliegt. Der tümliche Schutt an Gedichten, Romanen und Dramen, all die Hermannschlachten und Rheinwachten, Hurra und Haßgesänge, kann man ja nicht mehr ertragen. Man kann dieses Zeugs höchstens noch einmal gründlich totlachen. Und so wollen wir denn auch in einer Ode, einem Loblied auf das deutsche Wesen, hier in der Gestalt des deutschen Sangeswesens, unseren Beitrag leisten zum allgemeinen Jubel.

ODE AUF DAS STIFTUNGSFEST DER LIEDERTAFEL HARMONIE EV, IN HÖCHSTE TÖNE ZU SETZEN.

Gebet Laut Gesanges Gesellen, es erzitter die Heckenschänk,
vor Sangeslust werden zerschellen nicht Teller, noch Tassen,
                              noch Schränk,

*ein Hoch dem Wein und dem Weibe, doch achte der
                                           Reihenfolg,
daß eurem Zeitvertreibe keine unwürdige Laschheit folg.
Jungfer, die Lippe zu netzen, Liebfrauenmilch ins Gefäß
oder des lieblichen Weines der Kröver vom Bloßgesäß.
Ehre die Göttin frei, ja? und wehre den Küssen nicht,
die ältliche Sängerknaben dir drücken ins Angesicht.
Brüder fürbaß zum Lobe Göttertranks köstlichen Nasses,
fürbasser noch zum Herbeirollen eines weiteren Fasses.
Es werde die schwere Zunge durch teutsche Atzung geletzet
und selbst des ältesten Jungen Blut wieder in Wallung
                                           gesetzet.
Von Selchfleisch und Teutoburger, Handkäs mit Musik und
                                           Quark
mag jedwedes Wesen genesen, was pumpernickelt macht
                                           stark.
Eile dich, haste der Töne, singender Männer Heerbann,
raste nicht, weile nicht, dröhne, aufrechter Deutscher
                                           HerrMann.
Haben Tum Volkes erhalten uns in der kernigen Brust,
mögen niemalen weichen Thors Eichen tümlicher Lust.
Dem vatersten der Flüsse, Dir, aller Ströme rheinst,
Sollen Loblieder noch klingen Nachkommen unser dereinst!*

So richtig heimelig, nicht wahr, aber auch ein wenig dickblütig, wie das ja so unsere schwermütige, schwer sinnende, gründlich sich vertiefende, allem oberflächlich sich bewegenden Dichten und Denken und Trachten anderer Völker in ihrer welschen Leichtfertigkeit abholde Art ist. Ja, deutsche Texte sind schwer; wir machen es uns eben nicht leicht, warum dann den anderen?

In solche Gedanken vertieft, ging der Autor seine Einkäufe besorgen, durch die moderne Fußgängerzone einer schönen, alten deutschen Stadt. Da, an einem warmen Sommertag in den Ferien, kam ein seltsam betörender, fremdartig und doch

bekannt klingender Gesang an sein Ohr.
"Ayedillvoice!" in drei ansteigenden Tönen und gleich darauf noch einmal in absteigender Linie: "Ayedillvoice!" besangen in einer wohlbekannten Melodie zwei junge Damen zu rührend vereinfachtem Gitarrenspiel . . . ja, nun was?
Erst als er das Lied zu Ende angehört hatte, wurde dem Autor klar, worum es sich handelte. Die bezaubernde Harfnerin und ihre nicht minder entzückende Begleitung waren auf einer Reise aus den fernen JU-ESS-ÄH in deutsche Lande gekommen und hatten hier, Anteil nehmend an der deutschen Kultur und ihren schon beachtlichen Kenntnisstand beweisend, nicht zuletzt aber um die Reisekasse aufzufüllen, einen Sang aus dem deutschen Liedgut sich angeeignet.
 Beschämt, und nicht ohne sie ein wenig mit weiteren Reisemitteln auszustatten, ging er weiter. So hatte die graufilzige Blume der Berge Eingang gefunden in die Intonation und Singweise eines anderen Volkes; waren wir deutsch Sprechenden auch so offen und aufnahmebereit? Keine schwerwiegende Frage bleibt lange unbeantwortet, wenn man sie nur intensiv im Herzen bewegt. Noch am Abend desselben Tages hörte ich im Radio ein Interview mit dem amerikanischen Riesendarsteller, Übercop und Terminator eines jeglichen Bösen, der oder das auch nur irgendwann und -wo wagte, das dreckige Haupt zu heben aus seinem Rattenloch – Arnold Schwarzenegger.
Wie berührt es doch, wenn ein Mann, inzwischen heimisch geworden im weitläufigen Amerika, in bravem Teilsdeutsch seine heimatliche Zunge nicht verleugnet und sie einbringt in ein weltumspannendes DualUSamerikanisch, in dem noch Platz wär für manch anderen Dialekt.
Ich konnt nicht anders, als meinerseits einen Versuch zu machen, diese große Weltläufigkeit der Rede zu erreichen. So schrieb ich denn, die tiefen Erfahrungen des Tages miteinander verbindend, das

SONNET AFTER LISTENING ZU EINE INTERVIEW
MIT ARNOLD SCHWORZENEGGER
(rap it)

When i doch amol ins broyhouse geh,
picture von eim Monn, ÄibißiDarian Gray,
i ring my hands, the bells make noise,
two little girls sing ayedillvoice.

When a boy gives a flower aus die Berge high,
the maidel ganz gewiß begins to jodel shy-
ly oder sings a lied, ohne Floiß coin Preuß,
no chance, no choice its ayedillvoice.

Poems are my joy and JOYCE "R" US,
when i mi amol freu then I appreciate, daß
die Madeln singen tun, grad aso wie sich's g'hört,
sie können ja nix dafür, daß mi's Edelweiße stört,

i mach mi nix daraus und i hör nimmer hin,
dös Interview is over, das Sonett hammer drin.

Man kann also anders loben und andere. Es wäre auch ganz falsch, wenn Sie den Eindruck gewonnen hätten, ich wollte mich generell gegen Lobgedichte aussprechen. Ganz im Gegenteil! Sie können Ihre Achtung und Anerkennung gar nicht besser ausdrücken, als mit einem eigenen kleinen lyrischen Versuch. Hat Ihnen zum Beispiel die Schreibweise eines bestimmten Autors gut gefallen, bilden Sie sie lobpreisend ein wenig nach.

ICH WEISS

Ich weiß, was ich weiß, spricht die Dummheit,
ich weiß, daß ich nichts weiß, der Hochmut.

Ich weiß, ich weiß, sagt der Fried, aber
ist mancher Hinweis nicht ein Gedicht?
Die drahtige Dürre bebildert doch besser
als lyrischer Pustekuchen und x-mal erbrochener Brei.

Besser, die Welt ist beschildert,
als man fährt blind vorbei!

Mancher beklagt sich vielleicht, ich hab ein paar ganz hübsche Gedichte verbrochen, aber die klingen irgendwie alle wie Gedichte von einem anderen, von diesem oder jenem, den ich besonders mag. Jahaa! So fängt es an! Ob wir wollen oder nicht, Liebhaber des Gedichts fangen ganz von selbst an, das Geliebte zu kopieren. Das ist nicht schlimm, das ist unvermeidlich. Die meisten allerdings merken es nie, und das ist nicht schlimm, das ist unverzeihlich! Die erste Hilfe gegen unfreiwillige Blaupausen ergibt sich von selbst, sie müssen es mit Absicht tun, und schon verwandelt die ungewohnte Anstrengung das unfreiwillig Komische ins mühsam Angestrengte. Schon sind Sie bei sich selbst.

Sie wollten aber gerade komisch sein? Dann bleibt natürlich nur, einen aus Presse beziehungsweise Büchern und Funk oder Fernsehen Allbekannten auszusuchen und in seinem Stil zu schreiben. Ob das gut geht? Gut, man sollte es wenigstens versuchen.

Wer, wie ich zum Bleistift, äh zum Beispiel, den Heinz Ehrhardt noch immer vermißt, greift zum Schreibgerät und ist selbst mal wieder ein Schelm. Oder erstmalig, beziehungsweise einmalig, das geht etwa so:

IN MEMORIAM H. E.

Es strebt der Vogel flugs ins Nest,
während das Kriechtier bäuchlings schlängelt;
folg deinem Drang nur immer fest, zum Bleistift,
wenn zu ihm dich zwingen, die Musen,
die tief in dich dringen.
Schrieb deinen Schreib und umgestellt,
gelt, das sei ganz dahingekehrt,
wie einer mit sich selbst verfährt!

Zwäng einen nichts, man läg stattdessen
saumselig längelang im Gras,

> *bekäme keinen Reim bemängelt*
> *und ließe lieber dies und das.*

> *Der Mensch steht Schlange, wenn es drängelt,*
> *Heinz Ehrhard ist davongeengelt.*
> *Ein Zipflein seines Witz's blieb hier,*
> *erhasch es nur und fang ihn dir!*

Nicht überzeugt? Na gut, H.E. war ein großartiger Vortragskünstler, wenn er das auf die Bühne gebracht hätte? Ich bin ja mehr ein Buchstabenmaler, und das sieht in seinem Stil so aus:

UND NOCH'N GEDICHT

> *Die Kuh, die donnert, wenn es blitzt,*
> *weil sie auf vier Paar Zehen flitzt,*
> *davon der Boden rasend dröhnt,*
> *was Rasenboden nicht verschönt,*
> *wenn vier Paarzehn darauf sie sitzt,*
> *nee setzt*
> *()*
> *()*
> *()*
> *()*
> *Donnerschlag! Es hat gebletzt!*

Gibt es Schöneres als die Anerkennung, die gebührt, in gebührender Form auszurichten? Einen anderen Dichter, der mit Witz und Worttrouvaillen unsere Alltagssprache gewürzt und seine Werke mit unnachahmlicher Vortragskunst unters Volk gebracht hat, den muß man doch einfach so rühmen.

KUMM GRANO SALIS, SEI UNSER GAST!

"Marijandl-Jandl-Jandl, aus dem
Kalauerlandl-landl-landl, pflegst dein
Poetandl-tandl-tandl, als feinen
Musenhandel-handel-handel..."

Wo nicht haben aus den Honigwaben
Mopsottos Hopps nosotros schon g'mopst,
– habend nach Ruhm gelechts wie rinks
du uns anglühst, Flühring, geleibter.

„Ja im Wortschatzkammergut
mit'm Wortformen sammer gut
und Fortkommen kammer gut,
Shortcuts wammer tut!"

Wer der Art hat, hat's gut,
reist allerweil die Ört'l rund,
weil er all der Wört'l kund.

Herrscharf daneben? Haarschaft dann eben
Kunst!   Kunst ist omsunst
doch nie fahrgäbens,
entsinn dich deiner nur:
einen hin, keinen im Sinn,
et après, schon hat man,
vielversprechend,
qu'est-ce que dat dann?

Wir wollen es mit dem Rühmen nicht übertreiben, aber einen einzigartigen, besonders vielstimmigen Dichter, den wollen wir sonett als möglich preisen.

SO NETT

Den lob ich mir, der, forsch im Ungetümen,
– nicht nur des Reimes wegen Korf zu rühmen –
sprachspielend weiß die Zunge sich zu wringen,
daß selbst dem Teufel noch im Orkus oder wo
die Glocken klingen,

mit linker Hand aus dem Villonschen Glase,
selbst schwer bei Trost, den Toast auf alle
Bennschen Menschen auszubringen,
vollmundig, vielhändig und extraordinär.

Peter auf dem, par force littéraire,
unendlichen Ritt, PR selbdritt:
Walther, Klopstock und dieser.

Was, wenn er dichtet, frag ich, tut er?
Sitzt er, schwebt er? Ach du guter
Walther Friedrich Gottlieb Peter!

Wenn man einen bestimmten Maler sehr verehrt und mehr noch, wenn man etwa selbst etwas über Malerei lernen will, steht einem das von alters her empfohlene Kopieren nicht schlecht an. Was Malern und denen, die Maler werden wollen, recht war, sollte uns Schreibern billig sein. Wir haben ja schon eine gewisse Übung im Nachmachen. Wie geht man nun am besten vor? Man setze sich mit gezücktem Stift vor eine vollendete Seite links und ein leeres Blatt rechts. Aber was hör ich da nicht alles an vorwurfsvollem Geschrei: zu Abmalern will er uns machen, Plagiator, Einfallspinsel! Der Einfallspinsel, und der Begriff ist treffend, malt ohne Bedenken auf jedes Blatt, was ihm so durch's Dachshaar fließt. Und er hält für gewöhnlich, was immer er auf's Papier bringt, ganz und gar für seine eigene Erfindung. Es besteht nirgendwo eine so große Verwirrung über das eigene Herkommen wie unter ahnungslosen Originalgenies. Was sich da ausdrückt, ist gerade nicht derjenige, der den Pinsel zu führen meint, sondern sein Bauchgrimmen. Unverdaute Lesefrüchte, manche schon kräftig vergoren, verschaffen sich unbemerkt Luft. Nicht *künstlerisch wertvoll* sondern *unbedacht angelesen und selbstvergessen wiedergekäut* wäre häufig das angemessene Prädikat einer freiwilligen Selbstkontrolle der Textschaffenden.
Die erste Voraussetzung des Schreibens ist das Lesen, eine anspruchsvolle Arbeit: Weinlese, Auslese. Erlesene Texte haben eine lange Vorgeschichte. Es empfiehlt sich, genau zu prüfen, bei wem man am Anfang lesen gelernt hat und bei wem schreiben. Ich habe bei Kästner lesen gelernt und bei

Tucholsky schreiben und beides, lesen und schreiben lernen, hörte seitdem nicht auf.

Es ist immer wieder überraschend zu sehen, wie einem Texte zustoßen, sich einmischen und untermengen in die ach so eigenen Einfälle. Und es ist erhellend, dem unverhofften Erbe nachzugehen, auf dem man aufbaut. Ein apokryphes Herrenwort lautet: Wenn du weißt, was du tust, bist du selig, wenn du es nicht weißt, bist du verflucht!

Als Dichters selige Erben, die wir doch allesamt sind, sollten wir die Konterbande als Anfrage verstehen, als noble Herausforderung, der sich nur blindwütig entgehen läßt oder einsichtig antworten. Ich konnte gar nicht anders, als ein mir liebes Meisterwerk aufzunehmen und meinen Möglichkeiten anzuverwandeln. Peter Rühmkorfs *Gemeines Liebeslied* spukte mir so lange in Kopf und Gliedern herum, bis ich es in meiner Weise auf's Blatt gebracht hatte

In Dankbarkeit und hochachtungsvoll!

> GEMEINES LIEBESLIED
> *(Variation)*
>
> *Denkste, ich sing dich an bei Tag*
> *und nag nächtens am Hungerriemel?*
> *Schöne, das Ding an sich . . .*
> *zupf, fummel, pfriemel . . .*
>
> *besteht beileibe nicht*
> *für sich allein. – Bei aller Liebe,*
> *mein – äh – Anliegen, Fee,*
> *besteht sozusagen in der Wortidee.*
>
> *Komm, Gute, komm wir bemasten*
> *aufragend die Apfelschute,*
> *wer sich in diesen Graben wagt,*
> *bleibt bis zum Typhongetute.*

*Wie stehn die Aktzchen nun,
real love oder schnurz, hab
auf und ab zu tun, volatil
wie ein Vogelfurz.*

*Schlepp ich meine Sohlen heim,
endet die Not,
klebt der gesuchte Reim
dran wie Hundekot*

*:Abend goß sanften Schein,
entsinnst du dich,
erst über's bleiche Bein,
dann über sich.*

Beim aufmerksamen Lesen kommt es immer wieder einmal zu Déjà-vu-Erlebnissen. Zu einer meiner ersten Begegnungen mit Literatur und Kunst, beides in einem, kam es, noch bevor ich lesen konnte. Das war in einem Schuhgeschäft. Man drückte mir, kaum hatte ich auf dem Schuhverkäuferbänkchen Platz genommen, ein grün umrandetes Heft in die Hand, mit einem Waldbild darauf, ganz wie zu Hause über dem Sofa. Nur daß in diesem Wald Fliegenpilze standen, die waren wie Häuser mit Fenstern und Türen versehen, und ein rauchendes Ofenrohr ging schräg durch das Hutdach. Ein schwarzer, gelbgefleckter Lurch grinste mich an, er trug ein grünes Jägerhütchen und rehbraune Schnürschuhe.
Für die Schuhe, die man mir an- und wieder auszog, interessierte ich mich nicht mehr. Ich zog mit dem Salamander, einer Kröte mit breitem Gürtel und Polizeimütze, einem Igel und einer Maus durch diesen unergründlichen Wald; lieber wäre ich barfuß nach Haus gegangen, als mein erstes Lurchiheft wieder herzugeben. Meine Mutter mußte mir die Verse wieder und wieder vorlesen, bis zum Schlafengehen kannte ich sie gut genug, mir die Bildergeschichte selber zu erzählen.
Ich hatte Lurchi und seine Freunde längst vergessen, da wurde mir eines Tages – du magst doch sowas – ein Salaman-

derheft in die Hand gedrückt. Beim Wiederlesen kam mir der Vers sehr bekannt vor; nein, nicht von damals. Eine wohlkonfektionierte Ballade steckte mich an, ohne jeden Zweifel hatten die Goethe-Schiller-Werke das Muster zum Ausmalen geliefert. Ich brauchte nicht lange zu suchen, um die Ballade zu finden, wir waren für unser Leben lernend hinreichend mit ihr traktiert worden. Den einen Balladentext mit dem anderen vergleichend, eine Strophe neben die andere haltend, tanzten die beiden auf gutem Versfuß miteinander und verbanden sich wie von selbst so innig, daß mir nichts anderes blieb, als sie treuhänderisch zu verkuppeln.

LURCHIVERSE oder *DIE IBISSE DES KRANIKUS*

Zum Kampf der Verse und Gesänge,
Der auf Korinthus Landesenge
Die Dichter aller Welt vereint,
Zog Glänzer her, der Götterfreund.
Ihm schenkte des Gesanges Gabe,
Der Lieder süßen Mund Apoll;
So wanderte er an leichtem Stabe
Mit frohem Mut, des Gottes voll.

Gar munter fördert er die Schritte,
Und in Poseidons Fichtenhain,
Tritt er mit frommem Schauder ein,
Sieht sich schon in des Waldes Mitte,
Da steht ihm auf gedrangem Stege
Der Stümper Kranikus im Wege,
Und, mit der Bösen eitler Stärke,
Entwindet ihm die heil'gen Werke.

Traurig steht der große Glänzer
Sänger, Wortwart, Silbentänzer,
Der Verse ganz entkleidet da
Und ist nicht länger, der er war.
In den Orkus des Vergessens,
Aus dem niemand seines Wissens

*Je entkam, sieht Glänzer sich
Geworfen und weint fürchterlich.*

*Schwer betroffen sinkt er nieder,
Da rauscht der Ibisse Gefieder;
Er hört, kann kaum vor Tränen sehn,
Die nahen Stimmen furchtbar krähn.
„Von euch, ihr Ibisse dort oben,
Wenn keine andre Stimme spricht,
Sei meines Raubes Klag' erhoben!"
Er ruft es, doch er glaubt es nicht.*

*Er ruft die Menschen an, die Götter,
Sein Flehen dringt zu keinem Retter;
Wie weit er auch die Stimme schickt,
Nichts Menschliches wird hier erblickt.
„Du, Salamander, dort im Gras,
Bring in dies grause Dunkel Licht,
Bewahre und bezeuge das,
Wackrer Lurch, versag mir's nicht."*

*Und wehe, wehe, wer verstohlen
Durch Raub die Verse sich erschlich,
Es heften sich an seine Sohlen,
Mäusepiep, Lurchi, Unkerich!
Zur Hilfe stehn bereit hienieden
Zwerg Pipping, Igel, Hopps, der Frosch,
Als Racheengel, Eumeniden,
Deren Eifer nie erlosch.*

*Den Freunden schlägt das Herz mit Grame,
Und wie im Meere Well' auf Well',
So läuft's von Mund zu Munde schnell.
„Merkt ihn euch, Kranikus, der Name!
Noch glaubt er, fliehend zu entspringen,
Gemeinsam sind wir da, die Schlingen
Ihm werfend um den flücht'gen Fuß,
Daß er zu Boden fallen muß."*

„So jagen wir ihn ohn' Ermatten,
Versöhnen kann uns keine Reu',
Ihn fort und fort bis zu den Schatten
Und geben ihn auch dort nicht frei.
Drum Lurchi zum Verfolg des Diebes,
Wink uns als Taxi her 'nen Ibis."
Wie Wolken schwarz so zieh'n die Schwärme
Fernhin nach des Südens Wärme.

„Seid mir gegrüßt, befreund'te Scharen,
Die uns am See Begleiter waren!
Zum guten Zeichen nehm' ich euch;
Unser Los ist dem euren gleich."
Himmelwärts auf der Ibis floch,
Unsre Freunde leben hooch!
Und schauerlich, gedreht im Kreise
beginnen sie die luft'ge Reise.

Kranikus der freche Kräher,
Versdieb und Wortpretiosendreher,
Schleicht sich in die Dichterschar,
Selbst vorzusingen dieses Jahr.
Wer zählt die Völker, nennt die Namen,
Die gastlich hier zusammenkamen?
Aus Unkerichs Teich und Lurchis Reich,
Spottreimen, Wolkenkuckucksheimen!

Von Asiens entlegner Küste,
Von allen Inseln kamen sie,
Zu lauschen diesem Reimgelüste,
Des Sängers krauser Psalmodie.
So dichten keine ird'schen Schreiber,
Den zeugete kein sterblich Haus!
Er treibt das Maß der Späßetreiber
Weit über menschliches hinaus.

Und finster plötzlich wird der Himmel,
Und über dem Theater hin
Sieht man in schwärzlichtem Gewimmel
Ein Ibisheer vorüberziehn.
Da hört man auf den höchsten Stufen
Den Kranikus entsetzlich rufen:
„O weh, O weh, nach Rache dürsten
Die Ibisse des Dichterfürsten!"

Ein Heil'ger Ibis schwebt hernieder
Und aus dem schwarzweißen Gefieder
Unsre Freunde munter schlüpfen
Von Stuf' zu Stufe aufwärts hüpfen.
Und sonder Säumen oder Furcht
Verklagt den Kranikus der Lurch.
„Du schmücktest dich mit fremden Strophen!"
Kranikus nickt und schweigt betroffen.

Der fromme Dichter wird gerochen,
Der Räuber bietet selbst sich dar,
Man bestaunt den, der's Wort gesprochen,
Und ihn, an den's gerichtet war!
Man reißt und schleppt sie vor den Richter,
Die Szene wird zum Tribunal,
Den bösesten der Bösewichter,
Trifft wohlverdient der Rache Strahl.

Und zwischen Trug und Wahrheit schwebet
Noch zweifelnd jede Brust und bebet
Und huldiget der furchtbarn Macht,
Die richtend im Verborgnen wacht.
Groß und größer wird der Trubel
Und lauter immer wird der Jubel,
„Lang schall's durch die Zeiten noch:
Salamander lebe hoch!"

Nun haben wir aber genug gelobt, zumindestens Autoren. Man kann sich auch so lange verbeugen, bis einen der Schwindel ankommt. Kommen wir wieder zur Sache und schauen uns lieber einige Formen an, die wir füllen könnten. Da wäre etwa der ‚ottave rime', ein klassischer Achtzeiler, in dem sich leicht kleine Geschichten erzählen lassen. Die einfache Form stammt aus Italien, hat einen Wechselreim und wird Siziliane genannt. Wofür könnte sie sich besser eignen als dazu, la madonna zu rühmen, die Herrin, Dame des Herzens, hêre frouwe, unser aller Weib an sich? Und wie anders ließe sie sich rühmen als vollmundig, unter Aufbietung aller sprachlichen Register, über jeden Vergleich und alle bekannten Steigerungen hinaus?

LOB DES MEISTUNTERSCHÄTZTESTEN, VON BORNIERTESTEN DEUTSCHESTLEHRERN BESTGEHAßTESTEN UND DABEI ALLERSCHÖNSTENS AUSGEDRÜCKTESTEN –
*DES **HYPERLATIVS!!!***

O Du, Madonna, superturbogeil!
Eignerin eines sahneteilchengleichen Leibes,
entäußere dich mir, komm biete feil!
Du Inbegriff des Unbegriffenen, des Weibes,
zum Wohle body's und der soul zum Heil,
gib dich mir hin und ich betreib es,
sage zu mir nur diesen Augenblick: verweil –
ich, allergesegnetest, allesspottendendst, beschreib es!

Was eine Stanze ist, weiß jeder, auch wenn er noch keine bedient hat. Die folgende literarische Stanze, zweite und häufigere Form der Oktave, erklärt sich selbst. Sie hat ebenfalls acht Zeilen, doch nach drei Wechselreimen setzt das letzte Reimpaar unter das ganze einen abschließenden Doppelpunkt. Ich habe mir von einem Meister dieser Form anderthalb Zeilen geborgt und so ein kleines Liliencrönchen eingearbeitet in

DIE LITERARISCHE STANZE

Macht Köpf bis auf die Kragen kurz,
Der armen Tröpf, die hier vortanzen,
Ihr sind Silentien, Schreie, Fragen schnurz.
Laß fahrn dahin Sperenzchen und Speranzen,
Harre der dumpfen Töne Klagenfurts,
Knall auf Fall, Hall und Widerhall, verstand'st'n?
Ein lichtes Wölkchen, das sich Sterne harkt,
Beschirmt die Sternchen auf dem Dichtermarkt.

Verschiedentlich haben wir jetzt schon Sonette vorgelegt, ohne uns einmal näher mit dieser komplizierteren Gedichtform zu befassen, über die Robert Gernhardt in seinen Materialien zu einer Kritik der bekanntesten Gedichtform italienischen Ursprungs schreibt:

Sonette find ich sowas von beschissen,
so eng, rigide, irgendwie nicht gut;

aber nicht doch, Herr Gernhardt! Weiter wollen wir dieses streng komponierte, überaus lesenswerte Sonett hier nicht zitieren, da wir durchaus gegenteiliger Ansicht sind. Nehmen wir uns stattdessen ein anderes Gernhardtsches Sonett vor, dessen Gegenstand der klassischen Form viel angemessener ist.

ROMA AETERNA

Das Rom der Foren, Rom der Tempel
Das Rom der Kirchen, Rom der Villen
Das laute Rom und das der stillen
Entlegenen Plätze, wo der Stempel

und hier geht die reiche Aufzeichnung weiter im Enjambement, das heißt in einem Satz über die Kluft zwischen den Strophen hinweg, der Dichter fügt weitere Einzeldinge an und gibt noch ein wenig Farbe dazu

Verblichner Macht noch an Palästen
Von altem Prunk erzählt und Schrecken

Indes aus moosbegrünten Becken
Des Wassers Spiegel allem Festen

Wieder mit einem Satz in die nächste Strophe -

Den Wandel vorhält . . .

Wir aber wollen einhalten und uns erst einmal den Aufbau so eines Sonetts ansehen. Es besteht aus vierzehn Zeilen, eingeteilt in vier Strophen, von denen zwei Vierzeiler und zwei Dreizeiler sind; die Vierzeiler werden, ganz wie das Kinderspiel, Quartette genannt. Gewöhnlich reimt sich die erste Zeile des Quartetts auf die vierte und die beiden mittleren auf einander, das Reimschema in den Terzetten war schon immer freier. Warum unterwirft man sich dieser Form und macht Sonette? Lassen wir uns das von der Deutschen Verslehre sagen, in der E. Arndt – Erwin, nicht Ernst Moritz – darlegt: "Der Vorteil der strengen Form aber "bestehe" vornehmlich darin, daß sie den Dichter zwingt, seine Gefühle, sein Empfinden zu objektivieren, wie das Sonett überhaupt zu mehr gedanklicher als zu rein gefühlsmäßiger Auseinandersetzung neigt. Das Sonett ist eine anspruchsvolle Form und ist deshalb gegen belanglose Inhalte überaus empfindlich. Es strebt seinem Gehalte nach zur gültigen Aussage."
Gehen wir Gernhardts Gehalten durch die Terzette nach bis zur gültigen Aussage, nur weiter durch's ewige Rom.

. So viele Städte
In einer einzigen. Als hätte
Ein Gott sonst sehr verstreuten Glanz

Hierher gelenkt, um alles Scheinen
Zu Stein gewordnem Sein zu einen:
Rom hat viel alte Bausubstanz.

So ein schönes substantielles Rom reizt uns natürlich zur nachempfindenden Variation, aber da wir dickköpfig sind, soll es kein Sonett werden - wir machen alles anders.

UBI A ROMA, IS DER POET SCHO DA!

O Rom der Tempel, Rom der Foren,
du Rom der Villen, Rom der Kirchen,
der Stillen Rom, der traumverloren
Erlegnen Plätze, kühlen Bierchen,

dein Städt'sches, das der Dichter gern hat,
harrt seiner Feder nicht vergebens,
belobigt wird's ob seines Lebens,
wenn sein Hotel auch keinen Stern hat.

Wir beginnen ein neues Sonett gern mit einer Verblüffung, wem ist schon der Kitharöde geläufig – ein Liedermacher oder Barde – auf gut deutsch ein Singer/Songwriter bei den alten Griechen, also ein junger Grieche vermutlich, der die Kithara (von daher die Gitarre, die Zither) schlägt und dazu singt. Wir fangen so mit einem recht entlegenen Begriff an, um uns die Aufmerksamkeit zu verschaffen, die unser Gedicht braucht.

Was aber reimen wir auf Kitharöde? Das identische öde von Ödnis scheint zu nah und zu leer. Der nächstgelegene Reim - genau, Sie haben ihn schon gefunden, ist blöde. Das heißt, es wäre nicht blöde zu beginnen:
Blöde blickt der Kitharöde.
Bestimmter können Verse nicht sein als vorn und hinten gereimt. Sie könnten noch einen Reim in die Mitte der Zeile schieben: schnöd. Schnöd, nicht schnöde, sonst kommen Sie beim Aufsagen ins Leiern, und wir wollen uns doch nicht instrumentalisieren? Also nicht:
Blöde blickt schnöde der Kitharöde
sondern so:
Blöde blicket schnöd der Kitharöde.
Reimtechnisch wäre weiter nichts hinzuzusetzen, da kommt kein Kritiker mehr mit der Gabel dazwischen, und wir haben zu allem Überfluß auch noch mit einem Stabreim begonnen. Dennoch befriedigt die Zeile nicht, sie ist zu dödelig, zu glatt; wir haben über die Reimerei keinen Gedanken mehr an einen

Inhalt verschwendet. Fangen wir also einfacher an und wekken lieber inhaltliche Neugier, sagen wir:
> *Traurig blickt der Kitharöde*

Warum das denn, möchte man wissen und liest weiter.
> *da sein Instrument verstimmt,*

So weit, so gut. Ab jetzt sind wir auf der Suche nach einem weiteren Reim für -öde und einem für -stimmt. Einen ungefähren, also unreinen Reim legt das Thema nahe.
> *Welchen Kunstgenuß er böte*
> *keines Menschen Hirn ersinnt.*

Wir wollen uns aber nicht die Finger schmutzig machen und beharren auf dem reinen Reim.
Damit hätten wir das Materiel für das erste Quartett zusammengestellt, im zweiten steigern wir die Spannung durch dreifachen Reim auf eine neue Höhe und fangen in der letzten Zeile das stark überhängende Lautgebilde durch das zweite Reimpaar des ersten Quartetts ab. Mit dem unscheinbaren Hilfsverb *ist* setzen wir einen Punkt hinter die zweite Strophe.

> *TROST DER TONBILDUNG*
>
> *Traurig blickt der Kitharöde,*
> *da sein Instrument verstimmt,*
> *welchen Kunstgenuß er böde,*
> *keines Menschen Hirn ersimmt.*
>
> *O, ihr kunstverständ'gen Brieder*
> *leget Laut und Zimbel nieder,*
> *summet leis ein Lied dawider,*
> *bis das Saitenwerk getrimmt ist.*

Nun fehlen uns noch die zwei Terzette zu einem Sonett. Um sie schön zu verbinden und die Lösung des Problems in den Terzetten, von der Darstellung seiner Schwierigkeit in den Quartetten sauber abzugrenzen, finden wir einen Klammerreim – die erste Zeile fügt sich zu der letzten. Als kleines Bildungshäkchen reimen wir die Mitgefühle, deren wir voll sind, lateinisch auf das Substrat, das uns letztlich alle ernährt.

Mancher Tag scheint wie verhext,
nicht gelingt, was stets gelungen,
man ist dennoch nicht bezwungen.

Voller Mitgefühle sumus,
Mißton ist der Töne Humus,
daraus Wohlklang uns erwächset.

Ja, Wohlklang, der Reim ist uns Wohlklang, wenn er auch gelegentlich hohl klang, er adelt den Zusammenhang und gibt den erzählten Inhalten eine Würde, die sich von Zeile zu Zeile überträgt. Er kann aber auch leicht den größten Blödsinn aufwerten zum hohen Poem einer vollendeten Kunstfertigkeit, dem man sich nur noch mit entblößtem Haupt und in gebeugter Haltung nähert. In dieser Haltung, und dazu ist sie da, sieht man nichts Genaues mehr, doch wer Ohren hat zu hören, der hört immerhin, der hört immer hin!
Sie merken es schon, dazu möchte ich Sie auch gewinnen. Und wieder aufrichten will ich Sie mit Hilfe eines der wahrhaft Großen, eines Meisters der deutschen Reimkunst, eines Königs geradezu. Schauen wir uns eines seiner Gedichte an – gut zugehört also! Es tut sich mit klapperndem Reim, wie das Klappern und Rasseln bei Leprösen von alters her vorgeschrieben war, die Annäherung eines aussätzigen Königs kund und es tritt auf Lesers Stirne heiß der Schweiß,
    wenn er in einem Reim auf Krone
feststellen muß, wie leicht ein Wort entgleist!

    DER AUSSÄTZIGE KÖNIG

Da trat auf seiner Stirn der Aussatz aus
und stand auf einmal unter seiner Krone
als wär er König über allen Graus,
der in die Andern fuhr, die fassungsohne

Wie hier der Autor seine Leser in den Reim zwang – ahndungslos, sind die, wie im Gedicht die auch, verblüfft ihre Fassung los.

> *hinstarrten nach dem furchtbaren Vollzug*
> *an jenem, welcher, schmal wie ein Verschnürter,*
> *erwartete, daß einer nach ihm schlug;*
> *doch noch war keiner Manns genug,*
> *als machte ihn nur immer unberührter*
> *die neue Würde, die sich übertrug.*

Der reimliche Aussetzer zeugt sich inhaltlich fort, wenn der Meister die infektiöse Lepra erklärt zur neuen Würde, die sich überträgt. Wir wollen uns anstecken lassen zu einer Variation, die, wenn auch halb so tragisch, die Maße seines Gedichts erhält, und werden so König bleiben über allen Graus

DER KÖNIGLICHE HAARAUSFALL

> *Da trat auf seiner Stirn der Ansatz fort*
> *von Haaren, einmal unter seiner Krone,*
> *und glänzend glatt und ganz entlocket dort,*
> *faßt er sich an den Kopf, der nunmehr ohne;*
> *anstarrten nach dem furchtbaren Verfall*
> *ihn andre, der, wie ein Verschnittener,*
> *erwartete, daß einer nach ihm schritt,*
> *Pferdloser jetzt, sonst ein Berittener,*
> *dies machte ihn nur immer ungelittner,*
> *von dannen schritt verlassungsmit ein Hall.*

Nachhallen kann auch manch anderer Rilkesche Vers, es ist nicht ganz ungefährlich, solche Konterbande im Kopf oder auch nur in der Tasche mit sich zu tragen. Als ich eines Tages im Bierstübchen am Eck, auf mein gut gezapftes Pils wartend, nur ein wenig in seinen Gedichten blätterte, landete ich prompt

IM ERKERSTÜBCHEN

> *NICHT zu sehn das Alltagstreiben,*
> *flieh ich – wie wenn ich ein Strauß wär –*
> *in das alte, alte Haus her;*
> *lang dann seh ich nicht hinaus mehr*
> *durch die breit verbleiten Scheiben.*

Stand da tatsächlich: flieh ich – wie wenn ich ein Strauß wär? „Und was darf's sein? Wir sind ne Gastwirtschaft und keine Lesehalle!" Ich bestellte meinen Halben und las verblüfft noch einmal.

> *NICHT zu sehn das Alltagstreiben,*
> *flieh ich – wie wenn ich ein Strauß wär –*
> *in das alte, alte Haus her;*
> *lang dann seh ich nicht hinaus mehr*
> *durch die breit verbleiten Scheiben.*

Wie soll man eine solche Strophe wieder aus dem Kopf kriegen, an der Theke beim Bier? Man kann den Faden nur weiter spinnen.

> *NICHT zu sehn das Alltagstreiben,*
> *sauf ich – wie wenn ich ein Pferd wär –*
> *fix das große, große Bier leer,*
> *lang dann seh ich nicht hinaus mehr*
> *durch die breit verbleiten Scheiben.*

Und das gefällt mir mindestens so gut, also weiter im Text:

> *NICHT zu sehn das Alltagstreiben,*
> *sauf ich – wie wenn ich bekloppt wär –*
> *muß ein klitzekleiner Schnaps her,*
> *man, wie krieg ich bloß den Kopp leer*
> *von den bleit verbreiten Scheiben.*

> *NIX zu sehn, dann lass es bleiben,*
> *durstig – wie wenn ich schu schweit wär –*
> *noch so swei, das und'n Dings her!*
> *durchi blitzverblauten Scheim.*

> *Nixdanuhörauf ssu schreim*
> *dudel – didellidellied hä! -*
> *dingsda dudel bumsda sauschwer!*
> *durch die HICKS! da Scheibenkleister!*

Kannstu mir das G'dicht dama vorlesn? Seiso nedd, biddeschön. Und mein lieber nüchterner Thekennachbar war so nett und las die Strophe, nachdem ich meinen Daumen aus dem Buch entfernt hatte. Leider hatte der Daumen für ihn auf der anderen Seite über dem folgenden Gedicht gesteckt.

> *AUCH dem blonden Kinde kam es*
> *in sein Herz, sein waldseereines,*
> *wie das dunkle Ahnen eines*
> *großen Glückes oder Grames.*

AUCH mir kam da tränenschwer und hochseeübel ein dunkles Gramesahnen in die Kehle, und ich gelobte nimmermehr potentiell sinnversehrende Rilke-Bände mitzunehmen zu Einkehrschwüngen in Eckkneipen.

Rainer Maria Rilke, mit Fug und Recht im folgenden nur der Meister genannt, war beispiellos einfallsreich; wer ihm nacheifert, wird ihn schwerlich überbieten. Würden Sie sich den folgenden Vers, auch noch als Gedichtanfang, etwa durchgehen lassen? Der Meister tut's:

> *Ich komme mir leicht verstorben vor,*
> *da ich dieses nicht hindern konnte -*

Warum das denn, möchte man ihm zurufen, einfach durchstreichen und ab in den Papierkorb damit. Wir kommen uns ziemlich lebendig vor, wenn wir wieder einen Vers loslassen konnten. Und sollte ein anderer einmal nicht so geglückt sein, wie wir uns das gewünscht haben, so trösten wir uns mit den Schlußzeilen aus des Meisters gleichem Gedicht:

> *besser zirpt*
> *von Anfang die kleinste Grille;*
> *aber freilich: i h r verdirbt*
> *niemand Natur und Stille.*

Nur uns Kultur und Stile vielleicht; sollten wir denn über mehr als einen gebieten, rilkesch war wahrscheinlich noch nicht dabei. Eifern wir dem Meister ruhig ein wenig nach, ohne vor Hochachtung zu verstummen. Fürchten wir nichts, nicht den Hohen Ton, die hehren Anlässe, nicht den abstrusesten Begriff, noch das gewöhnliche Wort.

Vor einer Form poetischer Resignation, in der sich, was immer wir hören, in unsere Seele einreimt, müssen wir uns gehörig hüten: vor der Logophobie. Jenes Hinhören auf den scheinbar unendlichen Diskurs rings um uns her, das ungebrochene Bedürfnis, sich noch aufs Obsoleteste und Abstruseste seinen klingenden Reim zu machen, muß durch angemessene Pausen gedankenloser Nichtung in der Balance gehalten werden, sollen wir nicht in unsäglicher Zerrüttung zu nurmehr noch Bezeichneten verkommen.
Dem Meister ist es offenbar so ergangen, denn er bekennt:

Ich fürchte mich so vor der Menschen Wort.

Uns bestürzt nicht nur die Furcht, nein, mehr noch die Entfremdung, empfindet sich doch der Meister nicht nur menschlichen Entäußerungen sondern diesen selbst gegenüber nicht mehr als zugehörig - ich, ist ein anderer, wie Reimbold geschrieben. Das soll uns nun nicht passieren, wir sind noch frisch und fürchten gar nichts.

Sie sprechen alles so deutlich aus,
Und dieses heißt Hund, und jenes heißt Haus.

Nicht auszudenken, wenn es andersherum wäre.

Und hier ist Beginn, und das Ende ist dort.

So machen wir einen eigenen Anfang und ein anderes Ende.

Ich fürchte mich so vor der Menschen Wort.
Sie reden einem so greulich drein:
Und dieser heißt Hund, und jener heißt Schwein,
↑hier ist der Anfang und das Ende ist dort. ↓

Mich bangt auch ihr Spott, ihr Spiel mit dem Sinn,
sie wissen alles, was wird und war,
kein Werk ist ihnen mehr wunderbar,
ihr Trachten, o Gott! Sie richten mich hin.

> *Ich wollt immer warnen und wehren: Bleibt fern.*
> *Doch Verse swingen hört' ich so gern.*
> *Ihr rührt sie an: waren starr und stumm.*
> *Bringt sie zum Tanzen, dummfiedelbumm*
>
> *Gebt ihnen nur ja den richtigen drive,*
> *a two and a four in die blaueste Not,*
> *nicht dies Eindreierlei ohne Umschweif,*
> *zeigt daß es geht, macht's euch wortreich kommod.*

So recht kommodig wollen wir es uns machen, aber wo sollen wir anfangen. Wo immer man hinpackt im Werk des Meisters, man greift in die Vollen. Gewagte Bilder, unerhörte Vergleiche; Pegasus, einmal auf seiner Bahn, kennt keine Hindernisse. Wer, wie es unter Malern lange üblich war, in der poetischen Kunst sich zu üben, hier mit dem Kopieren begänne, er fände bald nur noch am eigenen Fädchen heraus aus dem Labyrinth. Wer da den Faden verlöre oder ihn noch gar nicht fand, er wäre verloren und jede Hilfe fern. Wer, wie es doch wünschenswert wäre, versuchte des Meisters Pegasus zu reiten, der müßte sich bald fühlen wie auf einem Karussell, das niemals stillsteht –

> *denn das geht hin und eilt sich nicht zu enden,*
> *und kreist und dreht sich nur und hat kein Ziel.*

Wem sollte es da nicht schwindeln! Wer hilft uns auf den festen Boden zurückzukommen. Ist jede Hilfe fern und weit und breit kein weißer Elefant? Was sagt der Meister?

> *ACH in den Tagen, da ich noch ein Tännlein,*
> *ein zartes, war in einer Gartenecke,*
> *was sprach mir niemand von dem Eckermännlein,*
> *das später aufkommt, daß es sich entdecke*
> *Struktur und Stärke meiner frühsten Sprossen –?*

Nicht nur der frühsten, Meister!

> *Wie hätte mich so mancherVers verdrossen*
> *Von jenen leicht und zeitig hingestreuten:*

> *hätt ich geahnt: er soll mich einst bedeuten!*
> *Viel rücksichtsvoller hätt ich mich erschlossen.*

Ach, Meister, das wundervolle Spiel ist es doch wert, denn

> *Wir sind die Getriebenen.*
> *Aber den Schritt der Zeit,*
> *nehmt nicht als Kleinigkeit*
> *im Hinterbliebenen.*
>
> *Alles das Eilende*
> *wird schon vorüber sein;*
> *denn das Verweilende*
> *erst weiht uns ein.*
>
> *Knaben, o werft den Mut*
> *nicht in die Schnelligkeit,*
> *nicht in den Fluchtversuch.*
>
> *Alles ist ausgebucht:*
> *Dunkel und Helligkeit,*
> *Ängste und Fluch.*

So ist es. . . Oder ist es nicht vielmehr so?

> *Wir sind die Treibenden.*
> *Aber den Schritt der Zeit,*
> *nehmt ihn als Kleinigkeit*
> *im immer Bleibenden.*
>
> *Alles das Eilende*
> *wird schon vorüber sein;*
> *denn das Verweilende*
> *erst weiht uns ein.*
>
> *Knaben, o werft den Mut*
> *nicht in die Schnelligkeit,*
> *nicht in den Flugversuch.*
>
> *Alles ist ausgeruht:*
> *Dunkel und Helligkeit*
> *Blume und Buch.*

Wenn Sie es nicht wissen, schlagen Sie mein Gedicht hinten im Anhang nach.
Ist denn das eine wie das andere nicht beherzigenswert? Angesichts der drohenden Selbstvergessenheit nehmen wir uns zusammen und beschränken uns weise, ein klein wenig nur wollen wir den Vorhang lüften. Gar zu gern wüßten wir doch: Wie war das denn mit der Liebe im meisterlichen Gedicht? Kommt sie vor? Und wie! Na also, und wie!? Vorzugsweise mythisch dunkel, aber dafür sehr, sehr bildhaft. Es liest sich leicht ohn Arg darüber hin. Die Schwierigkeit ist: man muß sich, was man liest, auch vorstellen wollen; viele seiner großen Verehrer und manche seiner großen Verehrerinnen hätten das nie und nimmer gewollt.
Im Gedicht *DON JUANS AUSWAHL* läßt der Meister durch einen Engel uns sagen:

> *Zwar auch du kannst wenig besser lieben,*
> *(unterbrich mich nicht: du irrst),*
> *doch du glühest, und es steht geschrieben,*
> *daß du viele führen wirst*
> *zu der Einsamkeit, die diesen*
> *tiefen Eingang hat.*

Irrend aber ungebrochen gehen wir nun voran zum Eingang tiefer Einsamkeit. Wie einsam, beim Zeus, muß es dem Mann im Gott gewesen sein, daß er sich entschloß, ins Federgewand zu schlüpfen. In seinem Gedicht *Leda* läßt der Meister es uns wissen.

> *Als ihn der Gott in seiner Not betrat,*
> *erschrak er fast, den Schwan so schön zu finden;*
> *er ließ sich ganz verwirrt in ihm verschwinden.*
> *Schon aber trug ihn sei Betrug zur Tat,*

Ob von des unschuldsweißen Vogels Tat, das Tuwort seine Herkunft hat?

bevor er noch des unerprobten Seins
Gefühle prüfte. Und die Aufgetane
erkannte schon den Kommenden im Schwane
und wußte schon: er bat um Eins,

da war ihm zugetan die Aufgetane,

das sie, verwirrt in ihrem Widerstand,
nicht mehr verbergen konnte. Er kam nieder
und halsend durch die immer schwächre Hand
ließ sich der Gott in die Geliebte los.
Dann erst empfand er glücklich sein Gefieder
und wurde wirklich Schwan in ihrem Schooß.

Schwan gehabt! Ach hätte Rilke doch Heines Verse sich zu Herzen genommen und die griechische Mythologie kurz und nüchtern angeschaut.

Ja, Europa ist erlegen -
Wer kann Ochsen widerstehn?
Wir verzeihen auch Danäen -
Sie erlag dem goldnen Regen!

Semele ließ sich verführen -
Denn Sie dachte: eine Wolke,
Ideale Himmelswolke
Kann uns nicht kompromittieren.

Aber tief muß uns empören,
was wir von der Leda lesen -
Welche Gans bist du gewesen,
Daß ein Schwan dich konnt' betören!

So aber kam Zeus nieder, das heißt, er ließ sich herbei und glich sich an dem Phänotyp der Vögel, glitt als Schwan herab auf dieses arme Weib, packte sie nach Schwanenart im Nakkengefieder, respektive Haar, und hat sie, sie war vermutlich gerade beim Schwimmen, Schwäne treiben es im Wasser treibend, so lange unter Wasser geduckert, bis sie auf unbeschreibliche Weise empfangen hatte.

Darauf kam nieder sie mit einem Ei, als dieses schließlich brach entzwei, war da die schöne Helena. Mir hat man im Kindesalter die vergleichsweise glaubhafte Geschichte vom Klapperstorch erzählt, selbst die habe ich schließlich, neuer Interessen halber, aufgegeben.
Also lieber Herr Rilke, das wollen wir doch mal klarstellen.

> *ANE KLANE SCHWANEREI*
>
> *O Leda, rechter Nebenfluß der Ems,*
> *was müssen wir von dir für Zeus hier lesen,*
> *dein weiblich Wesen, Gott enthemm's, sei*
> *hinhaltend diesem Reimerguß gewesen?*
>
> *Bevor er noch der Unerprobten, Aufgetanen,*
> *bange sich angenommen, war er,*
> *lange schwanend schon, gekommen,*
> *mit dem Poesistiere poetasternd?*
>
> *Und halsend durch die immer schwächere Hand, O!*
> *Na nie ersetzt sie's andere Geschlecht.*
> *Poetens Handwerk unbedacht zu üben, gibt*
>
> *Pollutionen, welche nicht nur Wasser trüben,*
> *läßt er im Wahn sich gehn, so kommt er recht,*
> *mein lieber Schwan, der Vogel ist nicht schlecht.*

Nun mögen Sie sagen: Pfui, der Dichter hat doch etwas ganz anderes gemeint! Mag sein, aber geschrieben hat er es nicht. Ich habe mir angewöhnt, ihn ein wenig gegen den Strich zu lesen, da bleibt nicht nur die Leda nicht allein. Unter dem Hohen Ton, bei dem man es belassen kann, wenn man will, schwingt der niederfrequente Rhythmus, bei dem ein jeder mit muß, und die gespannte Diktion verbirgt ihre handfesten Gründe nicht. Es bleibt die – nicht nur poetische – Versuchung.

> *Nein, es half nicht, daß er sich die scharfen*
> *Stacheln einhieb in das geile Fleisch;*
> *alle seine trächtigen Sinne warfen*

unter kreißendem Gekreisch.

Mitnichten trieb es ihn? Es trieb ihn mit Nichten!

Frühgeburten: schiefe, hingeschielte
kriechende und fliegende Gesichte,
Nichte, deren nur auf ihn erpichte
Bosheit sich verband und mit ihm spielte.

Nun ist das Reimereimen dem Poeten in schwülen Nächten wohl ebenso erquicklich wie das kalte Wasser dem Zölibatären, aber es hilft genausowenig.

Und schon hatten seine Sinne Enkel;
denn das Pack war fruchtbar in der Nacht
und in immer bunterem Gesprenkel
hingehudelt und verhundertfacht.

Und wohin man in solchem Gehudel und Gewusel auch greift
seine Hände griffen lauter Henkel,
und der Schatten schob sich auf wie Schenkel
warm und zu Umarmungen erwacht -.

Ja, nur zu, weiter, weiter ...

Und da schrie er nach dem Engel, schrie:

Nach welchem Engel, das wüßte man gern, und was machte dieser? Nichts Erlösendes jedenfalls, denn er ließ ihn zurück:

Daß er mit Geteufel und Getier
in sich weiterringe wie seit Jahren
und sich Gott, den lange noch nicht klaren,
innen aus dem Jäsen destillier.

Und wüßte man auch, wie man den lange noch nicht klaren sich aus dem Innen destillier, so hätte man doch des Jäsen noch nicht und ohne diesen bliebe alles eitel Tand. Nicht so für ihn, er rührt als Alchimist den Kolben.

Seltsam verlächelnd schob der Laborant
den Kolben fort, der halbberuhigt rauchte.

> *Er wußte jetzt, was er noch brauchte,*
> *damit der sehr erlauchte Gegenstand*
>
> *da drin entstände. Zeiten brauchte er,*
> *Jahrtausende für sich und diese Birne*
> *in der es brodelte; im Hirn Gestirne*
> *und im Bewußtsein mindestens das Meer.*

Doch selbst über den halbberuhigten Kolben in die mental marine Dimension vertieft holt ihn der Engel der Versuchung wieder ein und diesem unterliegt man gern, denn

> *Wen dieser Engel überwand,*
> *welcher so oft auf Kampf verzichtet,*
> *d e r geht gerecht und aufgerichtet*
> *und groß aus dieser harten Hand,*
> *die sich, wie formend, an ihn schmiegte.*
> *Die Siege laden ihn nicht ein.*
> *Sein Wachstum ist: Der Tiefbesiegte*
> *von immer Größerem zu sein.*

So kann man es sagen. Allerdings wohl eher nicht weiter sagen, einer Dame etwa, wenn es mit der Selbstgenügsamkeit denn einmal genug ist. Da soll es feiner gesponnen sein, sinniger, hintergründig.

> *Wie soll ich meine Seele halten,*

Das ist gut, Seele ist unverdächtig, nicht halten können ist klar.

> *daß sie nicht an deine rührt?*
> *Wie soll ich sie*
> *hinheben über dich zu andern Dingen?*

Jetzt, mein Seel, kommen wir der Sache näher.

> *Ach gerne möcht ich sie bei irgendwas*
> *Verlorenem im Dunkel unterbringen,*

Bei was wohl, was hat er in dem Dunkel denn verloren? Doch wohl nicht den Faden?

*An einer fremden stillen Stelle, die
nicht weiterschwingt, wenn deine Tiefen schwingen.*

Nun wird's langsam klar, wenn man nur von der Seeele absieht, Seele ist doch zu unpraktisch. Es wird Zeit vom Ich und von deinen Tiefen zum Wir zu kommen und zum Beweis, daß wir gar nicht mehr anders können, zum Es.

*Doch alles, was uns anrührt, dich und mich,
nimmt uns zusammen wie ein Bogenstrich.*

Zwecklos, uns länger zusammenzunehmen!

der aus zwei Saiten e i n e Stimme zieht.

Im Einklang sind wir, so laß uns unisono klingen, aah ja!

Auf welches Instrument sind wir gespannt?

Na, auf welches wohl? Wir sind gespannt!

Und welcher Geiger hat uns in der Hand?

Wir kennen ihn ganz gut, aber wir sagen nichts. Ob er wohl erhört worden ist?

O süßes Lied.

Es finden sich viele süße Lieder in des Meisters Werk.

*AUF einmal faßt die Rosenpflückerin
die volle Knospe seines Lebensgliedes,
und an dem Schreck des Unterschiedes
schwinden die linden Gärten in ihr hin.*

Während unser Widerstreben wächst.

*Schon richtet dein unwissendes Geheiß
die Säule auf in meinem Schamgehölze
und ragt nach dir . . .
Bist du's bin ich's, den wir so sehr beglücken?*

Wir sind's wieder, doch ist es langsam peinlich.

*Schwindende, du kennst die Türme nicht.
Doch nun sollst du einen Turm gewahren
mit dem wunderbaren Raum in dir.*

Was schreibt er? Was tut er?

Schmeichle mir, zur Kuppel auszutreten
mit dem Schwung schooßblendender Raketen

Wir wenden uns ab.

Nun stoß ich in dich Stufe ein um Stufe
und heiter steigt mein Same wie ein Kind . . .

Es reicht, es ist genug der eindeutig zweideutigen Gedichte. Kommen wir zum Schluß. Lassen wir in einer kleinen Variation auf eines der berühmtesten Gedichte des Meisters einen Mann zu Wort kommen, dem die Liebessaison auch allmählich auf den Wecker geht. So lang die Sommersonne schien , war er auf den Beinen – und sobald sie untergegangen war erst recht. Ihm glauben wir die tief empfundene Herbstesfreude aufs Wort.

S<small>TOSS</small><small>GEBET</small> <small>EINES</small> S<small>YLTER</small> S<small>TRANDKORBVERMIETERS</small>
<small>AM</small> E<small>NDE</small> <small>EINER</small> <small>LANGEN</small> S<small>AISON</small>.

Herrje, s'wird Zeit! Der Sommer war sehr groß,
leg deinen Schatten auf die Badefluren,
bei den Walkuren sind die Tüttel los.

Befiehl den letzten Früchtchen fort zu bleiben,
gib ihnen noch zwei südlichere Tage,
dann dränge sie zum Bahnhof hin und jage
die letzte Süße in mein stilles Heim.

Wer jetzt allein ist – selbst schuld – wird es bleiben.
Wer nichts im Haus hat, wird den Kopf sich reiben,
wird wachen, lesen, lange Briefe schreiben
und an den Stränden hin und her sich wendend
unruhig bedenken, was die andern treiben.

Aber was machen denn nun Sie mit den gelieferten Bauklötzen? Sie wollen gar nicht hübsch für sich schreiben sondern ihre Poesie veröffentlichen? Soso. Etwa in einer Literaturzeitschrift? Schicken Sie nur alles dahin, Sie werden nie wieder etwas davon hören. Oder gar in einem Verlag? Wenn Sie ausreichend Rückporto beilegen, bekommen Sie alles makellos zurück, mit der beigelegten Standardabsage. Vielleicht treffen Sie sogar auf einen mitleidigen Lektor, der auch einmal Lyriker werden wollte; das warmherzige Schreiben können Sie sich einrahmen, so etwas sollten wir sammeln. Vielleicht in einer Rundfunkanstalt, denken Sie sich? Vergessen Sie's! Die privaten lesen nicht, die öffentlich rechtlichen aber schreiben ganz ausführlich; sie werden Ihnen vermutlich mitteilen, warum sie es besser machen würden, wenn sie für so etwas Zeit hätten. Und etwa im Fernsehen? Dort kommt Lyrik kaum vor und wenn, dann nur Gedichte von Autoren, die zuverlässig tot sind. Da werden schon einmal Verse mehr zur Information verlesen, wie die Wasserstandsmeldungen oder der Seewetterbericht. Und wenn Sie von dort eine Reaktion bekommen sollten, dann dürfte sie ungefähr so ausfallen.

ZU ERWARTENDES ANTWORTSCHREIBEN AUF SITTENWIDRIGE
ANGEBOTE EINER JEDEN ETWAIGEN KUNST IM MEDIUM
FRNSHN

Der unumgängliche Redaktör
- Hauptabhaltung Unterteilung -
beim Fernsten Deutschen Erstsehen,
findet, leichtes Wort ist schwör:
nicht so draufhauen, ziselieren, feindrehen!
Ja, mit einem Aug ist leicht versehen,
selbst beim Zweiten Deutschen Hersehen,
lieber drücken wir sämtliche Augen zu zu,
als uns für sowas hergeben.
Wir vom vortuellen Kult,
fassen Sie sich, auch in Geduld,
schreiben Ihnen dazu nächstens mehr,
jetzt könn'n wir darauf leider nicht eingeh'n!
Wir hoffen, Sie verstehen mich,
sehr freundlicher Gruß
UNLESERLICH
Ihr Schwerstes Deutsches Einsehen

Geben Sie den Mut nicht auf, machen Sie immer hübsch weiter, gehen Sie ruhig allen auf die Nerven und veröffentlichen Sie, wenn es sonst keiner tut, vorerst selbst. Sie wissen es ja jetzt, fängt man erst einmal an mit der Sprache zu spielen, hört man so bald nicht wieder auf. Eine gelungene Zeile, ein ausgefallener Reim, ein seltsames Wort verfolgen uns wie ein Ohrwurm.

Was mag am Ende dabei herauskommen? Beim Kollegen Uhland habe ich, fast fix und fertig, ein passendes Schlußsonett gefunden, nur die beiden Terzette mußten leicht bearbeitet werden.

Das war's, danach sind nur noch Sie dran!

SCHLUSSONETT.

Wie, wenn man auch die Glocke nicht mehr ziehet,
Es lange dauert, bis sie ausgeklungen;
Wie, wer von einem Berge kam gesprungen,
Umsonst, den Lauf zu hemmen, sich bemühet;

Wie oft aus Bränden, welche längst verglühet,
Ein Flämmchen unversehens sich geschwungen;
Und spät noch eine Blüte vorgedrungen
Aus Ästen, die sonst völlig abgeblühet;

Wie den Gesang, den zu des Dichters Preise
Der Leser angestimmt aus voller Kehle,
Gedankenlose Halle weitertreiben:

So geht's nun mir, in der Sonetten Weise
Bestürzen mich, o daß ich's nicht verhehle,
Haltlos Gedanken ... wie nun alle schreiben?!

Die Gedichte

Ansichtskarte aus Skandinavien

Der Urlaub hoch im Norden
ist nicht für große Horden,
er kost ne Menge Penge,
drum is nich son Gedränge,
trotzdem, der Elch flieht in die Berje
im Land der sieben Sverije,
der Vielfraß ist in Sorge
im fjellfressenden Norge,
und sonst ? –

der Jubelakwawiet is stark
man trink' bloß nich für da ne Mark
un isses denn nich dies Land
dann isses vielleich' Island
un wenn ich nich hin finnland
fahr ich nach Haus su Omi.
Gruß an alle, Kalle!

Dichterwerkstatt

Was macht des Wortes Arbeitsmann,
trifft man ihn in der Werkstatt an?
Schaut wie flink und frettchenhaft
er an seinem Brettchen schafft.

Seht wie sich in Schweinekringeln
Späne aus dem Hobel ringeln,
abfällig wird die Kunst gemacht,
erhebt sich und das Brett verflacht.

> Was bleibet aber,
> dichten die Stifte,
> sticht sie der Haber?

> Erhaltene Norm,
> gefüllte Form, er-
> habnes Gelaber!

BUCHSTÄBLICH VERFOLGT

zuneigung
nein gug zu
ungeizung
zeigung nu

gnie zug nu
gnu zu gnie
ging neu zu
zugneig nu

zungung ei
nu nug geiz
zungu neig
ei gung nuz

zung nei ug
nu zeig nug
zu genug ni
nun geig zu

i genuzung
genuzung i
zu ungneig
zu eingung

nei zu gung
nein zu gug
nu zei gnug
zueignung

EIN DREIFACH HOCH AUF PEREGRINUS SYNTAX!

EBIG
langlebig
vierhebig
zielstrebig
geb ich
heb ich
leb ich

EBS
der Krebs
ein Plebs
Gott geb's
ich erleb's

ECH
das Blech
frech
ich brech
ich stech
das Pech
(dazu äch)

Impromptu – Sechs Strophen aus Ich

heimatlich
hinderlich
hoffentlich
ich
lästerlich
liederlich
meisterlich
mich
säuberlich
säuerlich
schauerlich
sich
sommerlich
sonderlich
Sonnenstich
sprich
Tatterich
väterlich
weinerlich
Wüterich
wöchentlich
wunderlich
zimperlich
wich

PSEUDONYM

Nichts schmücket unsereinen
mehr als ein Nommdepluhme,
lieber als drunter seinen (-)
schreibt mancher durch die Blume.

Dies ist ein weites Feld
und wir sind schlecht zu Fuß,
weshalb die Untersu -
chung unterbleiben muß.

Glaub nicht, daß je was zählt,
wer Müller bleiben will
und namentlich sich quält,
schrieb er auch gut und viel!

Nicht Adolf und nicht Adam,
nicht Bastian und nicht Hans,
Friedrich nicht und nicht Johann,
Wilhelm und Wolfgang nicht,
nicht Fritz und noch ein Hans,
nicht Arthur und nicht Heiner,
nein, nein nicht einer kann's!

Die schönsten deutschen Texte
sind darum anonym
von Müller, Meier, Schulze
ganz heimlich aufgeschrüm!

Und dieser Alte, Walther,
der Vogelweiderich, der
wollt so gern ein Lehmann sein
und wurd es lange nicht.

Und Wolfram hieß Karl Heinrich
ward Heini nur genannt,
wo er tatsächlich herkam,
das bleibet unbekannt.

Drum glaube keine Namen,
wer ist schon autonom,
sich pseudonym zu rühmen
pflegt selbst der Papst in Rom.

Am Anfang ist das Wort,
was sind die Eigennamen,
lies unbekümmert fort,
ich bin AmEn de Amen!

GIN UND JUNK

Hat mancher Dussel nicht auch Dusel,
macht nicht fusselig der Fusel,
fummelt duhn und dummelig
der Suffkopp sich nicht brummelig,
bis die Sektflasch endlich "plopp" sacht
und sich der Korken: hopp! davon macht?

    Und endlich dann:

in seinem Dusel eingenusselt,
in Sektlaun so dahingedusselt,
ist bald der Rest der Welt verschusselt
und all ihr Grausen und ihr Grusel!

LODENHOSENLOS

Die Maß ist leer, das Maß ist voll;
Bajuwar, nicht oktoberfest
zudem ein wenig overdressed,
eilt sich, daß er das Zelt verläßt,
denn müssen muß man mal,
was Mann nicht soll.

Wie macht von Trachten man sich frei,
wo man so frei ist zu betrachten,
wo ohn jedwed Erbarm die Schergen
die greifen, die die Scham nicht bergen.

Doch es muß sein, die Not ist groß,
da steht er nun vom Loden bloß,
ist darob bodenlos beschämt,
weshalb er alsbald sich bequemt,
den Hosenloden zu verschließen,

er müht sich ab mit klammen Fingern
an viel zu großen Hirschhorndingern,
mit dem Reißver- wär schon Schluß,
– zur Ruhe muß man oft sich zwingen,
lenkt ab den Geist mit andern Dingen –

dann mit verschlossnen Lodenhosen
geht wieder makellos und froh
zurück er zu den Hodenlosen.

Man macht so leider weiter Moden,
sei er gescheiter, meid er Loden!

BLAU BLÜMCHEN

gern zu einem techtel
mechtel zieht's ihn gen
italien, warum in die
ferne schweifen, wenn
die blümlein nahe stehn,
heili gemächte, gut geh's geschlechte!
komm holder wahn,
füllest wieder hohle bahn,
was eros tat, war wohlgetan,
      sieh, sie
möchte sich noch so charmant,
amant der lust erwehren,
o du, gamanderehrenpreis,
heißest die freude, sich zu mehren,
die tönend zu vergehen weiß,

„da wird ein wohl im weh, so süß und bang",

„la rauschen, lieb, la rauschen,
ich acht nit wie es geh,"

errecktschon lang,
wo's ihm die kunnigunde,
die finger nach entzücklika,
und pedi küren, mani kosen,
öffnen blüten blätternd rosen,
aus einem munde ooh und aah;

<u>wie lästich ist und doch wie unterläßlich nicht,</u>
<u>daß man prälimina abrollend unterbricht!</u>
zeitweilig selbander, zweiteilig expander
findet zunander was zusammengehört,
jetzt störet jedes weit're wort,
drum kehren wir uns ab und fort,
bevor der kondomit
sich an uns wendet mit:
sach ma wo hindemith?

JAGDBALLADE

Tritt nach dem Dämmer düstrer Tage der
alte Nimrod in das Land der Innrung ein,
scheint es ihm immer so, als ob er jage
ins hell're Licht der Geisteswelt hinein,

mit Arko an der Lein sieht er sich pirschen,
nach großem Wilde nicht nach damschen
Hirschen – mit Halali und Ballerei
trifft er so manches oder scheußt vorbei,

hat für die somnambule Jagd sich frisch gemacht,
s'Gewaff im Glase auf dem Tisch der Nacht,
Jagdgründe hatt' er, die nur ihn betrafen,
emphatisch weidzuwerken während andre schlafen.

So war es auch nicht Bagatells Geschoß,
als Nimrod sich piff paff zum Schuß entschloß;
wenn sich ein Wild im Wald beim Hundern findet,
da gilt kein Wundern, es hat alsbald ausgewindet.

O, welch horribles Horrido, dem eignen Hund
die Kugel anzutragen. Da liegt das Stück. Wund
ist des Jägers Herz, wer würd es wagen, dem
schwer Betroff'nen seine Teilnahm' zu versagen.

O weh, der traute Arkoblick erblindet,
da Nimrods alter Augen Sehkraft schwand,
der treue Hund im Dienst sein Ende findet,
der Jägersmann im Traum die Brill nicht fand.

Die treue Hundsleich noch im Arkophag,
bellend die Totenruh nicht halten mag,
mit Katzenfellen auf dem Katafalk
bedecket man den ausgekühlten Balg.

Wo bleiben ferner ohne diesen
des großen Jägers hochgespannte Ziele?
Es gab ihm einen Ruck, ihm war als fiele
er unter Niesen rücklings auf die Diele,

als ob den riesig gelben Löwen jag er,
der flach gebreitet liegt vorm Ruhelager,
wo er dem fallend Fett die Statt frei hält,
wenn's Jagdglück lallend aus der Bettstatt fällt.

Es war wie oft im Leben nur ein Traum,
stellt Nimrod auf dem Löwen reitend fest,
reibt sich den wehen Steiß und weiß,
der gute Arko schnarcht im Nebenraum.

Nimrod bleibt weiter nur die Frage,
ob er hinfort den Leu zum Jagen trage,
als wetterfesten Schutz für kalter Tage
droh'nde Erkältnis. Und unser Heger hält

als Wehr nicht länger fest jenes Behältnis
für Wasser, das man nächtens läßt.
Hund Arko knurrt und grunzt und jault auf frech,
der alte Jäger schneuzt sich das Gebrech.

ICH WEISS

Ich weiß, was ich weiß, spricht die Dummheit,
ich weiß, daß ich nichts weiß, der Hochmut.

Ich weiß, ich weiß, sagt der Fried, aber
ist mancher Hinweis nicht ein Gedicht?
Die drahtige Dürre bebildert doch besser
als lyrischer Pustekuchen und x-mal erbrochener Brei.

> Besser, die Welt ist beschildert,
> als man fährt blind vorbei!

ODE AUF DAS STIFTUNGSFEST DER LIEDERTAFEL
HARMONIE EV, IN HÖCHSTE TÖNE ZU SETZEN.

Gebet Laut Gesanges Gesellen, es erzitter die Heckenschänk,
vor Sangeslust werden zerschellen nicht Teller, noch Tassen,
                                            noch Schränk,
ein Hoch dem Wein und dem Weibe, doch achtet der
                                            Reihenfolg,
daß eurem Zeitvertreibe keine unwürdige Laschheit folg.

Jungfer, die Lippe zu netzen, Liebfrauenmilch ins Gefäß
oder des lieblichen Weines der Kröver vom Bloßgesäß.
Ehre die Göttin frei, ja? und wehre den Küssen nicht,
die ältliche Sängerknaben dir drücken ins Angesicht.

Brüder fürbaß zum Lobe Göttertranks köstlichen Nasses,
fürbasser noch zum Herbeirollen eines weiteren Fasses.
Es werde die schwere Zunge durch teutsche Atzung geletzet
und selbst des ältesten Jungen Blut wieder in Wallung
                                            gesetzet.

Von Selchfleisch und Teutoburger, Handkäs mit Musik und
                                            Quark
mag jedwedes Wesen genesen, was pumpernickel macht
                                            stark.
Eile dich, haste der Töne, singender Männer Heerbann,
raste nicht, weile nicht, dröhne, aufrechter Deutscher
                                            HerrMann.
Haben Tum Volkes erhalten uns in der kernigen Brust,
mögen niemalen weichen Thors Eichen tümlicher Lust.
Dem vatersten der Flüsse, Dir, aller Ströme rheinst,
Sollen Loblieder noch klingen Nachkommen unser dereinst!

FAHRRADMONOLOG

„Wer braucht fliegende Fische,
ist nicht eine Ordnung der Welt,
die darauf hält, daß nichts
die Unterschiede verwische?"
„Komm schon und halt die Klapp!"
„Wer so die Möglichkeiten verschwendet
diverser Reiche, erfände noch
tauchende Vögel am Ende . . ."
„Ja, die gibt's doch!"
„ Singfrosch und Blindschleiche, Faul-
tier und Zweikomponenten-
uhu, Großtrappe und Winker-
krabbe, Brückenechse
und Sumpfhuhn,
Leierschwanz
und Wald-
rapp . . ."
„Nun leg dich schon auf den Rücken
und nachher wasch ab!"

Sonett an Macho

Erwart'st ein Fräulein, ein zu treffendes?
Du harrest leider oft vergebens,
sie trifft nicht ein, denn ein betreffendes
Bedürfnis ward ihr nicht gegeben. S'

ist schon ein Kreuz mit diesen Damen,
bevor du sie noch drauf gelegt,
hoffend sie kämen, nun . . . und . . . sie kamen?
Vergebens haben sie dich bewegt!

Geh deiner Wege und meide die ihren,
suche der Männer Freundschaft indessen,
geh ins Wirtshaus, spiel Skat, lern triumvirn.

Auf zum Souper, sauf, geh dinieren,
laß laufen Lethe, schenk ein, schenk Vergessen,
vergebliche Liebesmüh geht an die Nieren!

Sonnet after listening zu eine Interview mit Arnold Schworzenegger
(rap it)

When i doch amol ins broyhouse geh,
picture von eim Monn, ÄibißiDarian Gray,
i ring my hands, the bells make noise,
two little girls sing ayedillvoice.

When a boy gives a flower aus die Berge high,
the maidel ganz gewiß begins to jodel shy-
ly oder sings a lied, ohne Floiß coin Preuß,
no chance, no choice its ayedillvoice.

Poems are my joy and JOYCE "R" US,
when i mi amol freu then I appreciate, daß
die Madeln singen tun, grad aso wie sich's g'hört,
sie können ja nix dafür, daß mi's Edelweiße stört,

i mach mi nix daraus und i hör nimmer hin,
dös Interview is over, das Sonett hammer drin.

IN MEMORIAM H. E.

Es strebt der Vogel flugs ins Nest,
während das Kriechtier bäuchlings schlängelt;
folg deinem Drang nur immer fest, zum Bleistift,
wenn zu ihm dich zwingen, die Musen,
die tief in dich dringen.
Schrieb deinen Schreib und umgestellt,
gelt, das sei ganz dahingekehrt,
wie einer mit sich selbst verfährt!

Zwäng einen nichts, man läg stattdessen
saumselig längelang im Gras,
bekäme keinen Reim bemängelt
und ließe lieber dies und das.

Der Mensch steht Schlange, wenn es drängelt,
Heinz Ehrhard ist davongeengelt.
Ein Zipflein seines Witz's blieb hier,
erhasch es nur und fang ihn dir!

UND NOCH'N GEDICHT

Die Kuh, die donnert, wenn es blitzt,
weil sie auf vier Paar Zehen flitzt,
davon der Boden rasend dröhnt,
was Rasenboden nicht verschönt,
wenn vier Paarzehn darauf sie sitzt,
nee setzt
()
 ()
()
 ()
Donnerschlag! Es hat gebletzt!

KUMM GRANO SALIS, SEI UNSER GAST!

"Marijandl-Jandl-Jandl, aus dem
Kalauerlandl-landl-landl, pflegst dein
Poetandl-tandl-tandl, als feinen
Musenhandel-handel-handel..."

Wo nicht haben aus den Honigwaben
Mopsottos Hopps nosotros schon g'mopst,
– habend nach Ruhm gelechts wie rinks
du uns anglühst, Flühring, geleibter.

„Ja im Wortschatzkammergut
mit'm Wortformen sammer gut
und Fortkommen kammer gut,
Shortcuts wammer tut!"

Wer der Art hat, hat's gut,
reist allerweil die Ört'l rund,
weil er all der Wört'l kund.

Herrscharf daneben? Haarschaft dann eben
Kunst!   Kunst ist omsunst,
doch nie fahrgäbens,
entsinn dich deiner nur:
einen hin, keinen im Sinn,
et après, schon hat man,
vielversprechend,
qu'est-ce que dat dann?

So nett

Den lob ich mir, der, forsch im Ungetümen,
– nicht nur des Reimes wegen Korf zu rühmen –
sprachspielend weiß, die Zunge sich zu wringen,
daß selbst dem Teufel noch im Orkus oder wo
die Glocken klingen,

mit linker Hand aus dem Villonschen Glase,
selbst schwer bei Trost, den Toast auf alle
Bennschen Menschen auszubringen,
vollmundig, vielhändig und extraordinär.

Peter auf dem, par force littéraire,
unendlichen Ritt, PR selbdritt:
Walther, Klopstock und dieser.

Was, wenn er dichtet, frag ich, tut er?
Sitzt er, schwebt er? Ach du guter
Walther Friedrich Gottlieb Peter!

GEMEINES LIEBESLIED
   (Variation)

Denkste, ich sing dich an bei Tag
und nag nächtens am Hungerriemel?
Schöne, das Ding an sich . . .
zupf, fummel, pfriemel . . .

besteht beileibe nicht
für sich allein. – Bei aller Liebe,
mein – äh – Anliegen, Fee,
besteht sozusagen in der Wortidee.

Komm, Gute, komm wir bemasten
aufragend die Apfelschute,
wer sich in diesen Graben wagt,
bleibt bis zum Typhongetute.

Wie stehn die Aktzchen nun,
real love oder schnurz, hab
auf und ab zu tun, volatil
wie ein Vogelfurz.

Schlepp ich meine Sohlen heim,
endet die Not,
klebt der gesuchte Reim
dran wie Hundekot

:Abend goß sanften Schein,
entsinnst du dich,
erst über's bleiche Bein,
dann über sich.

LURCHIVERSE oder DIE IBISSE DES KRANIKUS

Zum Kampf der Verse und Gesänge,
Der auf Korinthus Landesenge
Die Dichter aller Welt vereint,
Zog Glänzer her, der Götterfreund.
Ihm schenkte des Gesanges Gabe,
Der Lieder süßen Mund Apoll;
So wanderte er an leichtem Stabe
Mit frohem Mut, des Gottes voll.

Gar munter fördert er die Schritte,
Und in Poseidons Fichtenhain,
Tritt er mit frommem Schauder ein,
Sieht sich schon in des Waldes Mitte,
Da steht ihm auf gedrangem Stege
Der Stümper Kranikus im Wege,
Und, mit der Bösen eitler Stärke,
Entwindet ihm die heil'gen Werke.

Traurig steht der große Glänzer,
Sänger, Wortwart, Silbentänzer,
Der Verse ganz entkleidet da
Und ist nicht länger, der er war.
In den Orkus des Vergessens,
Aus dem niemand seines Wissens
Je entkam, sieht Glänzer sich
Geworfen und weint fürchterlich.

Schwer betroffen sinkt er nieder,
Da rauscht der Ibisse Gefieder;
Er hört, kann kaum vor Tränen sehn,
Die nahen Stimmen furchtbar krähn.
„Von euch, ihr Ibisse dort oben,
Wenn keine andre Stimme spricht,
Sei meines Raubes Klag' erhoben!"
Er ruft es, doch er glaubt es nicht.

Er ruft die Menschen an, die Götter,
Sein Flehen dringt zu keinem Retter;
Wie weit er auch die Stimme schickt,
Nichts Menschliches wird hier erblickt.
„Du, Salamander, dort im Gras,
Bring in dies grause Dunkel Licht,
Bewahre und bezeuge das,
Wackrer Lurch, versag mir's nicht."

Und wehe, wehe, wer verstohlen
Durch Raub die Verse sich erschlich,
Es heften sich an seine Sohlen,
Mäusepiep, Lurchi, Unkerich!
Zur Hilfe stehn bereit hienieden
Zwerg Pipping, Igel, Hopps, der Frosch,
Als Racheengel, Eumeniden,
Deren Eifer nie erlosch.

Den Freunden schlägt das Herz mit Grame,
Und wie im Meere Well' auf Well',
So läuft's von Mund zu Munde schnell.
„Merkt ihn euch, Kranikus, der Name!
Noch glaubt er, fliehend zu entspringen,
Gemeinsam sind wir da, die Schlingen
Ihm werfend um den flücht'gen Fuß,
Daß er zu Boden fallen muß."

„So jagen wir ihn ohn' Ermatten,
Versöhnen kann uns keine Reu',
Ihn fort und fort bis zu den Schatten
Und geben ihn auch dort nicht frei.
Drum Lurchi zum Verfolg des Diebes,
Wink uns als Taxi her 'nen Ibis."
Wie Wolken schwarz so zieh'n die Schwärme
Fernhin nach des Südens Wärme.

„Seid mir gegrüßt, befreund'te Scharen,
Die uns am See Begleiter waren!
Zum guten Zeichen nehm' ich euch,
Unser Los ist dem euren gleich."
Himmelwärts auf der Ibis floch,
Unsre Freunde leben hooch!
Und schauerlich gedreht im Kreise
beginnen sie die luft'ge Reise.

Kranikus der freche Kräher,
Versdieb und Wortpretiosendreher,
Schleicht sich in die Dichterschar,
Selbst vorzusingen dieses Jahr.
Wer zählt die Völker, nennt die Namen,
Die gastlich hier zusammenkamen?
Aus Unkerichs Teich und Lurchis Reich,
Spottreimen, Wolkenkuckucksheimen!

Von Asiens entlegner Küste,
Von allen Inseln kamen sie,
Zu lauschen diesem Reimgelüste,
Des Sängers krauser Psalmodie.
So dichten keine ird'schen Schreiber,
Den zeugete kein sterblich Haus!
Er treibt das Maß der Späßetreiber
Weit über menschliches hinaus.

Und finster plötzlich wird der Himmel,
Und über dem Theater hin
Sieht man in schwärzlichem Gewimmel
Ein Ibisheer vorüberziehn.
Da hört man auf den höchsten Stufen
Den Kranikus entsetzlich rufen:
„O weh, O weh, nach Rache dürsten
Die Ibisse des Dichterfürsten!"

Ein Heil'ger Ibis schwebt hernieder,
Und aus dem schwarzweißen Gefieder
Unsre Freunde munter schlüpfen,
Von Stuf' zu Stufe aufwärts hüpfen.
Und sonder Säumen oder Furcht
Verklagt den Kranikus der Lurch.
„Du schmücktest dich mit fremden Strophen!"
Kranikus nickt und schweigt betroffen.

Der fromme Dichter wird gerochen,
Der Räuber bietet selbst sich dar,
Man bestaunt den, der's Wort gesprochen,
Und ihn, an den's gerichtet war!
Man reißt und schleppt sie vor den Richter,
Die Szene wird zum Tribunal,
Den bösesten der Bösewichter,
Trifft wohlverdient der Rache Strahl.

Und zwischen Trug und Wahrheit schwebet
Noch zweifelnd jede Brust und bebet
Und huldiget der furchtbarn Macht,
Die richtend im Verborgnen wacht.
Groß und größer wird der Trubel,
Und lauter immer wird der Jubel,
„Lang schall's durch die Zeiten noch:
   Salamander lebe hoch!"

LOB DES MEISTUNTERSCHÄTZTESTEN, VON BORNIERTESTEN DEUTSCHESTLEHRERN BESTGEHAßTESTEN UND DABEI ALLERSCHÖNSTENS AUSGEDRÜCKTESTEN –
DES **HYPERLATIVS!!!**

O Du, Madonna, superturbogeil!
Eignerin eines sahneteilchengleichen Leibes,
entäußere dich mir, komm biete feil!
Du Inbegriff des Unbegriffenen, des Weibes,
zum Wohle body's und der soul zum Heil,
gib dich mir hin und ich betreib es,
sage zu mir nur diesen Augenblick: verweil –
ich, allergesegnetest, allesspottendendst beschreib es!

DIE LITERARISCHE STANZE

Macht Köpf bis auf die Kragen kurz,
Der armen Tröpf, die hier vortanzen,
Ihr sind Silentien, Schreie, Fragen schnurz.
Laß fahrn dahin Sperenzchen und Speranzen,
Harre der dumpfen Töne Klagenfurts,
Knall auf Fall, Hall und Widerhall, verstand'st'n?
Ein lichtes Wölkchen, das sich Sterne harkt,
Beschirmt die Sternchen auf dem Dichtermarkt.

UBI A ROMA, IS DER POET SCHO DA!

O Rom der Tempel, Rom der Foren,
du Rom der Villen, Rom der Kirchen,
der Stillen Rom, der traumverloren
Erlegnen Plätze, kühlen Bierchen,

dein Städt'sches, das der Dichter gern hat,
harrt seiner Feder nicht vergebens,
belobigt wird's ob seines Lebens,
wenn sein Hotel auch keinen Stern hat.

TROST DER TONBILDUNG

Traurig blickt der Kitharöde,
da sein Instrument verstimmt,
welchen Kunstgenuß er böde,
keines Menschen Hirn ersimmt.

O, ihr kunstverständ'gen Brieder
leget Laut und Zimbel nieder,
summet leis ein Lied dawider,
bis das Saitenwerk getrimmt ist.

DER KÖNIGLICHE HAARAUSFALL

Da trat auf seiner Stirn der Ansatz fort
von Haaren, einmal unter seiner Krone,
und glänzend glatt und ganz entlocket dort,
faßt er sich an den Kopf, der nunmehr ohne;
anstarrten nach dem furchtbaren Verfall
ihn andre, der, wie ein Verschnittener,
erwartete, daß einer nach ihm schritt,
Pferdloser jetzt, sonst ein Berittener,
dies machte ihn nur immer ungelittner,
von dannen schritt verlassungsmit ein Hall.

Im Bierstübchen

„NICHT zu sehn das Alltagstreiben,
flieh ich – wie wenn ich ein Strauß wär –
in das alte, alte Haus her;
lang dann seh ich nicht hinaus mehr
durch die breit verbleiten Scheiben."

NICHT zu sehn das Alltagstreiben,
sauf ich – wie wenn ich ein Pferd wär –
fix das große, große Bier leer,
lang dann seh ich nicht hinaus mehr
durch die breit verbleiten Scheiben.

NICHT zu sehn das Alltagstreiben,
sauf ich – wie wenn ich bekloppt wär –
muß ein klitzekleiner Schnaps her,
man, wie krieg ich bloß den Kopp leer
von den bleit verbreiten Scheiben.

NIX zu sehn, dann lass es bleiben,
durstig – wie wenn ich schu schweit wär –
noch so swei, das und'n Dings her!
durchi blitzverblauten Scheim.

Nixdanuhörauf ssu schreim
dudel – didellidellied hä! -
dingsda dudel bumsda sauschwer!
durch die HICKS! da Scheibenkleister!

LOGOPHOBIE

Ich fürchte mich so vor der Menschen Wort.
Sie reden einem so greulich drein:
Und dieser heißt Hund, und jener heißt Schwein,
↑ hier ist der Anfang und das Ende ist dort. ↓

Mich bangt auch ihr Spott, ihr Spiel mit dem Sinn,
sie wissen alles, was wird und war,
kein Werk ist ihnen mehr wunderbar,
ihr Trachten, o Gott! Sie richten mich hin.

Ich wollt immer warnen und wehren: Bleibt fern.
Doch Verse swingen hört' ich so gern.
Ihr rührt sie an: waren starr und stumm.
Bringt sie zum Tanzen, dummfiedelbumm.

Gebt ihnen nur ja den richtigen drive,
a two and a four in die blaueste Not,
nicht dies Eindreierlei ohne Umschweif,
zeigt daß es geht, macht's euch wortreich kommod.

Aus den Sonetten an Orpheus, XXII, Variation

Wir sind die Getriebenen.
Aber den Schritt der Zeit
nehmt nicht als Kleinigkeit
im Hinterbliebenen.

Alles das Eilende
wird schon vorüber sein;
denn das Verweilende
erst weiht uns ein.

Knaben, o werft den Mut
nicht in die Schnelligkeit
nicht in den Fluchtversuch.

Alles ist ausgebucht:
Dunkel und Helligkeit,
Ängste und Fluch.

ANE KLANE SCHWANEREI

O Leda, rechter Nebenfluß der Ems,
was müssen wir von dir für Zeus hier lesen,
dein weiblich Wesen, Gott enthemm's, sei
hinhaltend diesem Reimerguß gewesen?

Bevor er noch der Unerprobten, Aufgetanen,
bange sich angenommen, war er,
lange schwanend schon, gekommen,
mit dem Poesistiere poetasternd?

Und halsend durch die immer schwächere Hand, O!
Na nie ersetzt sie's andere Geschlecht.
Poetens Handwerk unbedacht zu üben, gibt

Pollutionen, welche nicht nur Wasser trüben,
läßt er im Wahn sich gehn, so kommt er recht,
mein lieber Schwan, der Vogel ist nicht schlecht.

STOSSGEBET EINES SYLTER STRANDKORBVERMIETERS
AM ENDE EINER LANGEN SAISON.

Herrje, s'wird Zeit! Der Sommer war sehr groß,
leg deinen Schatten auf die Badefluren,
bei den Walkuren sind die Tüttel los.

Befiehl den letzten Früchtchen fort zu bleiben,
gib ihnen noch zwei südlichere Tage,
dann dränge sie zum Bahnhof hin und jage
die letzte Süße in mein stilles Heim.

Wer jetzt allein ist – selbst schuld – wird es bleiben.
Wer nichts im Haus hat, wird den Kopf sich reiben,
wird wachen, lesen, lange Briefe schreiben
und an den Stränden hin und her sich wendend
unruhig bedenken, was die andern treiben.

ZU ERWARTENDES ANTWORTSCHREIBEN AUF
SITTENWIDRIGE ANGEBOTE EINER JEDEN
ETWAIGEN KUNST IM MEDIUM
FRNSHN

Der unumgängliche Redaktör
- Hauptabhaltung Unterteilung -
beim Fernsten Deutschen Erstsehen,
findet, leichtes Wort ist schwör:
nicht so draufhauen, ziselieren, feindrehen!
Ja, mit einem Aug ist leicht versehen,
selbst beim Zweiten Deutschen Hersehen,
lieber drücken wir sämtliche Augen zu zu,
als uns für sowas hergeben.
Wir vom vortuellen Kult,
fassen Sie sich, auch in Geduld,
schreiben Ihnen dazu nächstens mehr,
jetzt könn'n wir darauf leider nicht eingeh'n!
Wir hoffen, Sie verstehen mich,
sehr freundlicher Gruß
UNLESERLICH
Ihr
Schwerstes Deutsches Einsehen

SCHLUSSONETT.

Wie, wenn man auch die Glocke nicht mehr ziehet,
Es lange dauert, bis sie ausgeklungen;
Wie, wer von einem Berge kam gesprungen,
Umsonst, den Lauf zu hemmen, sich bemühet;

Wie oft aus Bränden, welche längst verglühet,
Ein Flämmchen unversehens sich geschwungen;
Und spät noch eine Blüte vorgedrungen
Aus Ästen, die sonst völlig abgeblühet;

Wie den Gesang, den zu des Dichters Preise
Der Leser angestimmt aus voller Kehle,
Gedankenlose Halle weitertreiben:

So geht's nun mir, in der Sonetten Weise
Bestürzen mich, o daß ich's nicht verhehle,
Haltlos Gedanken . . . wie nun alle schreiben?!

Manfred Brinkmann, geboren 1948 in Hittfeld, studierte in Hamburg Literatur und was darin vorkam. Lebt heute als freier Autor in Schleswig-Holstein.

Sonstwo, Ansichten der Provinz,
satirischer Heimatroman.
ISBN 3-89811-323-X

iphigenie in petto,
ein Schauspiel.
ISBN 3-8311-0030-6

demnächst erscheint:

Ausgänge,
eine Novelle.